波-桁组合结构桥梁

李 勇 著

科学出版社

北 京

内 容 简 介

本书介绍了波-桁组合结构桥梁的发展现状、应用前景及基本理论,创新性地提出了大跨度波-桁 PC 组合桥梁新结构、钢桁腹 PC 组合桥梁及无弦桁元法等新概念新方法,同时从经济、安全、适用、合理等方面阐述了波-桁组合结构桥梁的优越性,并结合作者不同时期设计施工的各种桥型实例从不同角度加以分析,论证了波-桁组合结构桥梁满足现代桥梁"轻质、高强、大跨、经济、美观"的特点,施工简单方便,具有广阔的应用前景。

本书结合工程实例,简明易读。可作为桥梁工程及相关专业的本科生教材,也可作为研究生的推荐教材,同时还可作为从事桥梁工程设计、施工、科研以及教学工作者的参考资料。

图书在版编目(CIP)数据

波-桁组合结构桥梁 / 李勇著. —北京:科学出版社,2015.12
ISBN 978-7-03-043005-2

Ⅰ. ①波… Ⅱ. ①李… Ⅲ. ①组合结构－梁桥－设计 Ⅳ. ①U448.21

中国版本图书馆 CIP 数据核字(2014)第 313107 号

责任编辑:余 江 张丽花 / 责任校对:郭瑞芝
责任印制:徐晓晨 / 封面设计:迷底书装

科 学 出 版 社 出版
北京东黄城根北街 16 号
邮政编码:100717
http://www.sciencep.com

北京厚诚则铭印刷科技有限公司 印刷
科学出版社发行 各地新华书店经销

*

2015 年 12 月第 一 版 开本:787×1092 1/16
2017 年 1 月第二次印刷 印张:12
字数:285 000

定价:**78.00 元**

(如有印装质量问题,我社负责调换)

序

　　本书作者李勇从事桥梁事业30余年。长期从事钢-混凝土组合结构桥梁设计与研究，1996年主持设计首座大跨度全组合结构体系桥梁——深圳彩虹大桥。主编《钢-混凝土组合桥梁设计与应用》，创新性地提出了全组合结构桥梁体系，是我国最早的组合桥梁领域专著之一，提升了我国组合桥梁在国际上的影响。

　　本书作者首次提出了无弦桁元法，揭示了钢桁腹PC梁节点应力形成的力学机理，发明了大跨度波-桁PC组合桥梁新结构。采用无弦桁元法，实现了钢桁腹PC梁无弦杆、大节段、整体吊装新技术的应用，提高了施工安装效率及关键节点的结构安全性和耐久性，具有重要的工程应用价值。

　　作者主持或参与多项国家省市重点工程。杭州钱塘江第二大桥，深港西部通道深圳湾跨海大桥，海南三亚西海桥钢管混凝土桁梁桥，深圳大学1号桥双层桥面钢桁腹PC组合桥梁，国道107深圳机场立交桥等工程，技术经济指标优越，对同类桥梁建设具有良好的示范作用。

　　作者严谨治学，勤奋务实，勇于创新。长期从事第一线工作，在组合结构桥梁领域，力求结构新颖、技术先进、经济合理、施工环保，将组合桥梁设计理论和技术发明成功应用于工程实践。

中国工程院院士　曾庆元

2015年5月24日于长沙

前　言

钢-混组合结构桥梁,是一种新型绿色环保建筑。基于大跨度钢桁桥梁节点疲劳、局部稳定、经济性等问题,发明了钢桁腹 PC 组合结构桥梁、无弦桁元法、波-桁组合结构桥梁等新结构,造型美观,施工环保。

为解决这种新颖的桥梁结构体系其关键节点构造与受力复杂、施工阶段构件离散等技术难题,在国家自然科学基金及省部级科技项目的支持下,通过产学研一体化联合技术攻关,对桁式组合桥梁进行深入的理论与试验研究,发明了桁式组合桥梁新结构、新技术、新工艺。

本书分三大部分,共 9 章。第一部分含第 1 章,组合桥梁基本原理;第二部分含第 2 章～第 7 章,波形钢腹板 PC 组合桥梁及钢桁腹 PC 组合桥梁;第三部分含第 8 章、第 9 章,波-桁 PC 组合桥梁新结构原理及设计方法。

第 1 章　概论。本章主要介绍了钢-混凝土组合结构桥梁的发展概述、主要结构形式及工程应用前景。

第 2 章　PC 桥面板-钢管混凝土桁梁桥。介绍了首座 PC 桥面板-钢管混凝土桁梁桥海南三亚西海桥设计施工方法。

第 3 章　波形钢腹板 PC 组合桥梁。介绍了波形钢腹板桥梁的发展现状、设计理论,提出了形钢腹板 PC 组合桥梁悬臂施工控制方法。

第 4 章　钢桁腹 PC 组合结构桥梁。介绍了钢桁腹 PC 组合梁的发展历史,主要技术特点及设计方法,介绍了悬臂撑—钢桁腹 PC 组合桥梁。

第 5 章　钢桁腹 PC 梁无弦桁元法。简介整体式组合节点,首次提出了无弦桁元法,对组合式节点受力性能作出了详细介绍。

第 6 章　双层桥面钢桁腹 PC 组合桥梁。介绍了双层桥面钢桁腹 PC 组合桥梁基本原理,介绍了双层桥面钢桁腹 PC 组合桥梁设计计算分析。

第 7 章　钢管混凝土索-桁组合拱桥。介绍了索-桁组合拱桥基本原理、设计方法,通过模型试验和施工阶段调索方法确定索-桁组合拱桥优化设计。

第 8 章　大跨度波-桁组合结构桥梁。针对传统预应力混凝土刚构桥梁腹板开裂、跨中下挠,针对波形钢腹板 PC 桥梁跨度受限等问题,首次提出了大跨度波-桁组合结构桥梁新结构。

第 9 章　波-桁-拱组合结构桥梁。首次将大跨度异型组合拱桥及曲线波-桁组合结构桥梁结合于一体,创新性地提出了组合拱桥减小水平推力、提高横向稳定性、方便施工安装的设计方法,实现异型组合拱桥力学与美学的统一。

本书内容包含了作者多年来有关的设计研究成果及在工程应用中的认识和体会,除本书所列的参考文献外,同时还广泛参考和借鉴了国内外大量的研究成果及工程资料。

杜宏彪、王玉银、王宇航、周志祥、龙佩恒、张建东、张承、陈增顺、焦少鹏、李敏、史鸣、胡俊、刘昌永、曹逻津、朱崇利、刘念琴、耿悦、周赟等在相关的理论、试验、设计、计算、施工等研究过程中出色完成了大量的技术工作，许多同行也给予了大力支持与帮助，并提出了许多宝贵的意见和建议，在此一并向他们表示感谢。

本书得到了方秦汉院士、曾庆元院士、聂建国院士等热情指导与帮助，并在百忙之中对全书进行审阅作序。在此向他们表示衷心的感谢。

作者水平有限，不当之处难免，敬请专家和读者批评指正。

李　勇

2015 年 10 月

目　　录

第1章 概　　论

1.1　组合结构桥梁的发展概述

钢-混凝土组合结构桥梁，既是一种高强、高性能的材料组合，也是一种高效、经济、环保的先进施工技术[1]。近年来，钢-混凝土组合结构在桥梁工程中获得了广泛的应用。随着泵灌技术、高强、高性能、轻质混凝土的研究及应用，新型组合结构体系如钢管混凝土结构[2,3]、板-桁组合结构[4,5]、组合斜拉结构[6]、预应力组合结构桥梁的工程应用，钢-混凝土组合结构有关规范的编制[7-9]，钢-混凝土组合结构进入了新的发展时期。

抗拉性能强的钢材、抗压性能强的混凝土，分别合理地用在构件的拉伸区及其压缩区，极大限度地追求高性能、经济性是钢与混凝土组合结构的设计原则。将两种材料合理地加以组合后，从经济性来看要好于钢结构或混凝土结构。组合结构最大的技术特点是组合后的性能已经超过材料各自的力学性能。

组合梁的优点：①抗疲劳性能好，使用寿命长；②稳定性好，承载力高；③冲击系数降低；④降低梁高，增强刚度；⑤施工方便，造型美观；⑥节省钢材，降低造价。综合效益好，特别适合我国国情。

20世纪30年代是欧美各国桥梁技术和设计理论的一个重要发展时期，到20世纪60年代得到广泛应用，建造了大量的各种形式的组合结构桥梁。进入20世纪80年代组合结构有了新的发展，法国1980年以来建造的公路桥梁以钢-混凝土组合桥梁为主，其最有竞争力的跨径范围为60～80m，甚至可达30～110m，以这个跨径范围建设的桥梁有85%是组合结构桥梁。日本也大力进行基础性理论研究和试验，开发了不同形式的组合结构桥梁，并制定了相应规范。英国大多数20～160m跨径及以上的公路桥梁，组合结构桥梁竞争力很强，德国及美国的组合结构桥梁应用更广。

欧美日等发达国家大力开展组合结构桥梁研究开发，目前国外的几个主要规范如EUROCODE、BS5400、DIN、AASHTO等都包含组合结构设计部分。在常见的组合钢板梁桥、组合钢箱梁桥获得长足发展的同时，出现了许多有创意的新型组合结构桥梁，如波折腹板组合箱梁桥、钢桁腹杆组合桥等。组合结构桥梁的结构形式与材料指标得以不断优化，新结构与新工艺不断推出。通过更加注意对造价、耐久、美观的全面考虑，组合结构桥梁获得强大的竞争力。在中小跨度的公路桥、铁路桥以及城市桥梁中获得广泛应用，占据绝对比例优势。

欧洲以及日本等大力进行基础性理论研究和试验。近年来，国外的空间非线性有限元分析方法日渐进步与成熟，对结构总体承载性能、桥面板开裂影响、钢梁局部稳定、连接件与结合部的力学特点等可以进行更精确的分析，已经逐步取代了解析分析方法以及基于初等梁理论的简化方法。通过对连接件刚度的模拟，从而更符合实际地采用不完全平截面变形理论进行组合结构桥梁受力分析，通过引入结构与材料本构关系来考虑负弯矩区桥面板开裂影响，以更精确地评估结构从加载开始到破坏过程的非线性行为关系与受力状况。

借助大量研究成果及分析方法的进步，发展了允许混凝土板开裂、用裂缝宽度限值代替拉应力限值的设计方法，从而简化了构造、方便了施工，促进了连续组合结构桥梁的发展。借助新的稳定理论与分析方法进行设计，在结构不同区域变化钢与混凝土连接刚度，达到截面完全组合与不完全组合相结合的设计方法；利用施工手段调节钢梁与混凝土板应力状态的设计方法；连接件以群钉形式间断设置，从而实现有效施加预应力的方法等。在设计和施工密切配合的技术动态下，完善发展了施加预应力的支点升降法、减小中支点负弯矩的间断浇筑法、提高桥面板质量的预制桥面板法以及快速施工的桥面板纵向滑移法等。

钢梁顶推时通常不设临时墩与导梁，为了控制过大变形、减小结构受力，发展了在钢梁上安装吊索支架辅助施工的方法。主跨213.75m的Caroni河桥，钢梁顶推时，其梁底设有桁架衬托。瑞士主跨为130m的Vaux桥，顶推时配置了竖向升降量达4.5m的可调支承，以适应变高梁的梁高变化。法国于2000年前后开发了另一种桥面板顶推施工方法，其分块预制板在浇筑时用钢管连接起来，顶推到位后浇筑混凝土形成整板。

在基础理论研究方面，组合结构桥梁的整体受力性能、负弯矩区的力学性能、桥面板的合理构造、钢与混凝土的连接性能、连接件的滑移影响与力学性能以及钢结构屈服稳定与构造要求等问题。欧美等发达国家在基础理论、分析与设计方法以及施工技术等方面获得了高度发展，设计与施工精细化与相互依存的程度日渐提高，并呈现不断改进与创新的技术动态。

组合结构桥梁在国外发展很快，建设了许多形式新颖、功能合理的桥梁。钢桁腹组合梁桥与波形钢腹板组合梁桥，以节段预制化、架桥机整孔节段拼装或悬臂拼装法施工，既保证了质量又体现了快速施工。合理地使用耐候钢、高强钢等高性能钢材，以及轻质混凝土、钢纤维混凝土等高性能混凝土来提高耐久性；巧妙地使用钢管、波形钢板、体外索与混凝土组合来提高构件截面性能；考虑两种材料的组合作用、积极采用厚钢板等来减少加劲肋、横撑等次要承重构件来追求体系的简化。在进行组合截面性能研究的同时，加大结构体系研究有助于推动组合结构桥梁在我国的发展。

1.2 组合结构桥梁的主要形式

国内外钢-混凝土组合结构桥梁发展很快，日本大部分公路桥都采用组合结构桥梁，组合结构桥梁在我国也取得了许多新的进展。

其主要结构类型有：钢-混凝土组合梁、波形钢腹板PC梁、钢桁腹PC组合结构桥梁、钢管混凝土拱桥及其混合结构形式等。

1. 钢-混凝土组合梁

将抗拉性能强的钢材、抗压性能强的混凝土，合理地用在构件的拉伸区及其压缩区，追求高性能、经济性是钢-混凝土组合梁的设计原则。

法国于 1990 年完成的 Hopital 桥，两根主梁的间距为 12.6m，通过使用高强度的混凝土桥面板及施工横向预应力钢筋来减少主梁根数。北京国贸桥(图 1.1)位于北京市朝阳区，是长安街和北京三环路相交处的一座立交桥，始建于 1986 年，2000 年拆除重建。重庆长江大桥复线桥(图 1.2)主跨 330m，采用钢与混凝土混合结构[10-13]。

図 1.1　北京国贸桥(2002 年)　　　　図 1.2　重庆长江大桥复线桥(2006 年)

连接件也称剪力件，它保证钢梁与钢筋混凝土板的整体共同工作性能。连接件的形式较多，包括用钢筋制作的柔性连接件和用带加劲肋的角钢制作的刚性连接件。带头枠钉作连接件施工速度快、质量好，使用较为普遍。此外，也可用摩擦型高强螺栓传递剪力。这两种连接件，一般也属于柔性连接件。

许多研究者对焊钉连接件在单个设置时的抗剪承载力进行了研究，依据试验结果也提出了各自的计算方法。Hiragi 等认为主要的影响因素有焊钉的杆部直径、高度及其混凝土的抗压强度，焊钉作为连接件会受到剪力或拉拔力的共同作用。美国最早使用的焊钉直径分别为 19mm、22mm，德国焊钉直径为 10mm、22mm，日本焊钉直径为 13mm、19mm。

Kurita 等进行了焊钉群抗剪强度试验。试验表明：预留孔设置与否都不影响焊钉的抗剪刚度、抗剪承载力、最大滑移量，焊钉都是根部剪切破坏[14,15]。通过与单个设置的焊钉比较，焊钉群的每一个焊钉的抗剪承载力并未减小。

开孔钢板连接件的作用机理主要有三个方面：一是依靠孔中混凝土的抗剪作用承担沿钢板的纵向剪力；二是依靠孔中混凝土的抗剪作用承担分离力；三是与型钢连接件相同，钢板受压承担面外的横向剪力。开孔钢板连接件有 4 种破坏模式：

① 两孔之间的钢板发生剪切破坏；

② 圆孔中的混凝土发生割裂破坏；

③ 圆孔中的混凝土发生剪切破坏；

④ 圆孔中的混凝土发生压缩破坏。

2. 钢桁腹组合 PC 梁

国外研究认为，把钢桁架的上下弦用钢筋混凝土板代替，节省钢材，减小截面高度，是有意义的探索。

德国于 1984 年建成的 Nesenbach 铁路桥(图 1.3)是一座三跨简支的上承式组合桁架桥，跨径(33.5+43.5+33.5)m。负弯矩区没有设置预应力钢筋，在桥墩附近的两个下弦杆之间浇筑混凝土板，上下弦杆形成组合结构的双重组合体系。

瑞士 1997 年建成的 Lully 高架桥(图 1.4)是一座 23 跨连续的上承式组合桁架，跨径为(29.93+21×42.75+29.93)m，桥面宽 12m，上下线分离式。

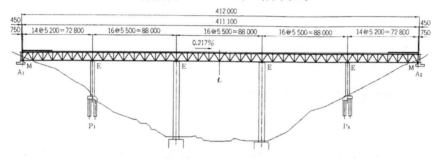

图 1.3　德国 Nesenbach 铁路桥(1984 年)

板桥川公路桥在设计负弯矩区时不考虑与钢桁架的组合，桥面板采用的是组合结构[16-19]。日本猿田川桥(图 1.5)，桥跨组合为(63×5+2×90+100+2×110+58×5)m。深圳 107 国道桥(图 1.6)，桥跨组合为(30+30)m。法国 Bras de la Plaine 桥(图 1.7)为单孔跨径 280m，桥梁全长 305m，腹板为钢桁腹腹杆[20-23]。

图 1.4　瑞士 Lully 桥(1997 年)

图 1.5　日本猿田川桥(2006 年)

图 1.6　深圳 107 国道桥(2014 年)

图 1.7　法国 Bras de la Plaine 桥(2001 年)

现代桁架桥基本上都开始采用高强螺栓或焊接进行杆件间的连接，最近建成的芜湖长江大桥采用的就是全封闭焊接整体节点，弦杆之间的连接采用大直径高强螺栓。

钢桁架梁与混凝土桥墩固接，不仅可以减少支座维护费用、减小主桁架的负弯矩，而且伴随着超静定次数的增加，抗震性能提高。椿原桥位于日本东海北路公路干线上，2002年7月建成，为3跨连续组合结构桁架桥。

3. 波形钢腹板PC梁

1986年，法国完成了一座钢腹板替代混凝土腹板的简支箱梁桥Cognac桥，主跨(31+43+31)m，采用体外索施加纵向预应力。1987年法国又修建了Maupre高架桥(图1.8)，桥梁跨径布置为(41.0+57.3+53.6+50.4+47.3+44.1+41.0)m，主梁为三角形箱连续梁桥，随后又修建了Dole桥、Asterix桥，桥跨形式包括简支和连续桥梁。

1995年建成的Dole桥为波折腹板7跨连续组合箱梁桥，其中有5跨跨度达到80m。日本栗东大桥(图1.9)主跨170m双索面低塔斜拉桥，单箱三室波形钢腹板组合梁。

图1.8　法国Maupre高架桥(1987年)　　图1.9　日本栗东大桥(2005年)

波形钢腹板预应力混凝土箱梁桥，主要具有以下优点。

(1)用波形钢腹板替代钢筋混凝土腹板，主梁自重可以减轻20%～30%；

(2)波形腹板在桥梁纵向刚度几乎为零，大幅度提高了施加预应力的效率；

(3)波形腹板使上下混凝土翼缘板相互间不受约束，徐变、收缩影响减小；

(4)波形腹板是利用弯成的波形几何形状代替加劲肋，具有很高的抗剪强度；

(5)箱梁腹板制作可以实行工厂化，并且伴随着自重减轻，架设施工容易。

波形钢腹板替代混凝土腹板，抗扭刚度及抗剪刚度分别降低到约40%、10%，纵向及横向抗弯刚度分别降低到约90%、75%。

2006年，日本完成了一座连续长度超过1000m以上的波形钢腹板组合箱梁桥——鬼怒川桥(图1.10)，该桥于2003年7月24日开始修建，2006年11月4日建成。桥长1005m，为16跨连续梁桥，跨径组合为(45.75+4×46.90+61.70+9×71.90+60.55)m，桥宽9.65m，根部梁高5.0m，跨中梁高4.0m。

2006年，日本矢作川桥(图1.11)修建完成，其结构形式采用4跨预应力斜拉桥，跨径组合为(173.4+2×235.0+173.4)m，采用悬臂施工的方法修建而成。

矢作川桥是一座波形钢腹板箱梁的斜拉桥，跨度布置为(174.7+2×235.0+174.7)m。

图 1.10　日本鬼怒川桥(2006 年)　　　　图 1.11　日本矢作川桥(2006 年)

波形腹板与混凝土顶、底板之间的连接是最重要的结合部位，两者连接方式大致有两种，即腹板上下端焊接翼缘板并配置连接件的翼缘型、把腹板直接伸入混凝土板中的嵌入型连接。波形腹板与内衬混凝土用焊钉连接，根据分担的剪力，确定腹板及混凝土厚度。用钢管代替底板构成三角形截面，主梁稳定的截面形式对抗扭有利；纵向体外索有利索的维护及更换。采用波形腹板及钢管混凝土作为梁杆件使用，不仅技术含量很高，而且包括桥墩在内的整体造型美观、设计新颖。

4. 钢管混凝土拱桥

钢管混凝土拱桥属于钢-混凝土组合结构中的一种。钢管混凝土拱桥是将钢管内填充混凝土，由于钢管的径向约束而限制受压混凝土的膨胀，使混凝土处于三向受压状态，从而显著提高混凝土的抗压强度。钢管由于混凝土的内衬作用，提高了钢管的压杆稳定性。

钢管混凝土工作特点：①核芯混凝土可以防止管壁丧失局部稳定性，防止钢管内表面锈蚀；②钢管可以阻止核芯混凝土在纵向压力作用下的侧向变形，使其处于三向受压状态，从而提高其抗压强度和抗变形能力[24]。

1923 年关东大地震后，发现钢管混凝土结构破坏并不明显，故在以后的建筑，大量采用该类结构。1995 年阪神地震后，更显示其优越的抗震性能，进一步成为优先考虑的结构。

钢管本身，既是施工模板，又兼有纵向钢筋和横向箍筋作用，同时承担劲性承重骨架，可省去模板。即使管壁无摩擦、无加劲肋的钢管混凝土梁，作为受弯构件使用，局部屈曲后仍有很大的承载力和变形能力[25]。

1990 年，中国第一座钢管混凝土拱桥，四川的旺苍东河大桥建成，主跨 110m。目前，已建成的世界最大跨度组合结构拱桥为巫山长江大桥(图 1.12)，主跨 492m；非常典型的采用双层桥面的钢管混凝土拱桥，杭州钱塘江四桥(图 1.13)，主跨 1376m。

钢管混凝土拱桥属于钢-混凝土组合结构中的一种。钢管混凝土拱桥是将钢管内填充混凝土，由于钢管的径向约束而限制受压混凝土的膨胀，使混凝土处于三向受压状态，从而显著提高混凝土的抗压强度。

同时钢管兼有纵向主筋和横向套箍的作用，同时可作为施工模板，方便混凝土浇筑，施工过程中，钢管可作为劲性承重骨架，其焊接工作简单，吊装重量轻，从而能简化施工工艺，缩短施工工期。

图 1.12　巫山长江大桥(2005 年)　　　　图 1.13　杭州钱塘江四桥(2004 年)

我国钢管混凝土拱桥的应用与发展已引起国外的关注，钢管混凝土拱桥在我国得以迅速发展，目前，我国已经建成的钢管混凝土拱桥超过 200 座，我国桥梁工作者也通过学术交流将其向海外进行了介绍。

法国一座钢管混凝土拱桥，位于 Gervaudan 公路上，跨越 Escudo 河，长 229m，宽 30m。其主跨径为 126.4m 的上承式拱。捷克也建成了一座钢管混凝土拱桥，它是跨越 Brno-Vienna 高速公路的地方道路桥梁。

钢管混凝土内力计算时刚度宜取大值，即根据中国钢管混凝土结构设计与施工规程 CECS28：90 和英国 BS5400 标准取钢管与混凝土刚度叠加方法。

德国巴伐利亚艾森木桥位于德国巴伐利亚州艾森(Essing，Bayern)，跨越美因－多瑙河运河(Main-Danube Canal)，是一座波浪形人行木桥。该桥全长 190m，主跨 74m，宽 3.2m，采用木结构桥墩和木梁，建于 1986~1987 年，1992 年 9 月维修完成。

海南三亚西河桥建于 2004 年，为钢管桁梁结构形式，长 245m，宽 4.6m。共 15 个节段，主跨 60m，节段多为双曲线桁架梁，结构新颖，如出水蛟龙。

桥梁的安全性、适用性、耐久性、施工要求方面的结构需求，使得桥梁结构具有如下特点：不可完全试验，荷载复杂，使用环境极端，使用期限长等。这些特殊要求使得复合材料在桥梁工程中有更好的应用前景[26,27]。

FRP 桥梁被各国的研究者认为是 FRP 在结构工程中应用的又一新的发展方向，并进行了一系列的研究与应用工作。

与初期的 FRP 桥梁应用不同，近年来的 FRP 桥梁是指采用拉挤、缠绕、RTM 等高性能碳纤维、高性能玻璃纤维、玄武岩纤维等具有稳定力学性能和使用性能的桥梁或桥梁部件，这些桥梁可称为"高性能复合材料桥梁"。

5. 波-桁组合结构桥梁

从目前国内外统计资料显示，传统的预应力混凝土刚构桥在跨径达到 200m 以上时，由于结构自重很大跨中下挠问题非常突出，在设计时为解决此问题往往增加梁高，增加梁高带来的问题就是工程成本的增加，并不经济，为使桥梁结构能满足强度要求又具有经济性，国内外工程师提出了一些新的处理措施和新型的桥梁结构[28]。

近年来我国高速公路发展迅速，逐渐从城市向山区发展，各地区联系越来越紧密，面对山区大跨 V 形峡谷，斜拉桥和悬索桥由于成本过高，拱桥、连续梁和混凝土连续刚构桥是工程师选择的常用方案。由于大跨度连续刚构桥存在一些问题，所以提出了把腹板从传统的混凝土改为钢桁或波形钢腹板，提出了一种新的组合桥梁——大跨度波-桁 PC 组合桥梁，如图 1.14 所示。

图 1.14　大跨度波-桁 PC 组合刚构桥梁效果图

1.3　波-桁组合结构桥梁的应用前景

传统预应力混凝土刚构桥梁自重很大跨中下挠问题非常突出，大跨度波-桁 PC 组合桥梁充分发挥了钢桁管强度高、通风性能好、波形钢腹板抗剪性能好的优点，不仅造型美观，抗风抗震性能优越，与悬索桥、斜拉桥相比，可降低工程造价，满足工程建设需要。面对国内组合结构桥梁的研究与实践均与其国际发展水平有明显差距的现状，必须充分借鉴国际先进经验、以高起点开展理论研究与工程实践，才能更好地促进组合结构桥梁在我国的健康发展。

我国未来的交通发展仍然需要修建大量桥梁，面对日益缺少的沙、石等天然建筑材料的资源，我国已成为钢材年产量达 11 亿多吨的产钢大国，混凝土桥虽然短期养护费用低、但存在自重大、工期长、盐害与性能退化等不可避免的问题，钢桥存在疲劳、屈曲、腐蚀、振动及噪声等问题，桥梁建设迫切需要提高桥梁耐久性、适用性、环保性、全寿命经济性和景观性[29,30]。由于组合结构桥梁整体受力的经济性、充分发挥钢与混凝土各自材料性能优势并弥补各自缺点的合理性，以及便于施工的突出优点，其必将成为中国桥梁建设的重要组成部分。新型大跨度波-桁组合结构桥梁，将成为未来桥梁发展方向之一。这是发达国家桥梁建设的经验，亦是桥梁建设科学发展的必然。

参 考 文 献

[1]　Chen H B, Chen Q, Wang F, et al. Pushing effect analysis and scheme design of closure of long span continuous rigid-frame bridges. Highway, 2009, (7): 209-211.

[2]　Li Y L, Zhou W. Calculation methods and meshanical behavior analysis of jacking force for closure of continuous rigid-frame bridge. Technology & Economy in Areas of Communications, 2007, (5): 6-8.

[3] Zhang C Z, Shi W S. Treatment measures and experience in making high temperature closure of rigid framed continuous girders. Journal of Railway Engineering Sosiety, 2006, (7): 46-48.

[4] 赵玲, 庄勇. 无锡市金匮桥总体设计与结构特色. 桥梁建设, 2010, (5): 64-66.

[5] Zhang X D, Zhan H, Shu H B, et al. Research of closure construction techniques for long-span prestressed concrete continuous girder bridge. Bridge Construction, 2005, (2): 63-66.

[6] Wen W S. Construction control of continuous rigid frame structure of auxiliary bridge of sutong-bridge. Construction, 2008, (4): 65-69.

[7] 肖海珠, 刘承虞, 易伦雄. 南京大胜关长江大桥铁路钢桥面设计与研究. 桥梁建设, 2009, (4): 9-12.

[8] Chen W Z, Wang Z P, Xu J. Awim method used for steel truss bridge. Bridge Construction, 2009, (4): 72-75.

[9] Wang C S, Chen A R, Chen W Z. Assessment methods of remaining fatigue life and service safety of riveted steel bridges. Journal of Tongji Unoversity (Natural Science), 2006, 34(4): 461-466.

[10] Su C, Han D J, Yan Q S, ct al. Wind-induced vibration analysis of the Hong Kong ting kau Bridge. Proceedings of the Institution of Civil Engineers. Structures and Buildings, 2003, 156(3): 263-272.

[11] 潘东发, 李军堂. 南京大胜关长江大桥钢梁安装方案研究. 桥梁建设, 2007, (3): 5-8.

[12] Chen W Z, Wang C S, Xu L. Remaining fatigue life and safety of waibaidu bridge in Shanghai. Bridge Construction, 2002.(2): 6-10.

[13] 门智杰. 广州市内环路钢梁吊装施工技术. 桥隧机械&施工技术, 2010, (5): 64-66.

[14] Kiviluoma R. Coupled-mode buffeting and flutter analysis of bridge. Computers & Structures, 1998, (70): 219-229.

[15] Ding Q, Lee P K K. Computer simulation of buffeting actions of suspension bridge under turbulent wind. Computers & Structures, 2000, (76): 787-797.

[16] Chen J, Xiao R C, Xiang H F. Full range nonlinear aerostatics analysis for long-span cable-stayed bridge. China Journal of Highway and Transport, 2000, 13(3): 25-28.

[17] Huang P M, Wang D, Zhou K F. Research on aerostatic stability of asymmetry pedestrian suspension bridge without tower. Journal of Highway and Transportation Research and Development, 2008, 25(4): 99-102.

[18] 宋杰, 杨梦纯.郑州黄河公铁两用主桥第一联钢梁架设技术研究.钢结构, 2010, (12): 72-75.

[19] Saiidi M, Hutchens E, Gardella D. Bridge pestress losses in dry climate. Journal of Bridge Engineering, 1998, 3(3): 111-116.

[20] Cole H A. Direct solution for elastic prestress loss in pretensioned concrete girders. Practice Periodical on Structurl Design and Construction, 2000, 5(1): 27-31.

[21] Pessiki S, Kaczinski M, Wescott H H. Evaluation of effective prestress force in 28-year old prestressed concrete beams. PCI Journal, 1996, 41(6): 78-89.

[22] Liang P, Xiao R C, Xu Y. Assembled geometry and unstressed geometry of super long span cable-stayed bridges. Journal of Chang'an University (Natural Science Edition), 2006, (4): 49-53.

[23] Chen K L, Yu T Q, Xi G. Development and prospective of hybrid girder cable-stayed bridge[J]. Bridge Construction, 2005, (2): 1-4.

[24] Qin S Q. Unstressed state control method for bridges constructed in stages. Bridge Constructed in Stages. Bridge Constuction, 2008, (1): 8-14.

[25] Li Q, Bu Y Z, Zhang Q H. Whoble-procedure adaptive construction control system based on geometry control method. China Civil Engineering Journal, 2009, (7): 69-77.

[26] Li Z P. Installation technology for steel box-girder of Nanjing No.3 yangtze river bridge. Construction Technology, 2008, (5): 111-114.

[27] 李勇. 大跨度钢-混凝土组合桥梁空间理论与应用研究. 武汉: 华中科技大学, 2011.

[28] 马涛. 天兴洲长江大桥墩顶 4 节间钢桁梁安装方案. 山西建筑, 2010, (1): 317-318.

[29] Chen M, Luo C B, Wu Q H. Assistant pullback technique for main span closure of sutong bridge. Engineering Sciences, 2009, (11): 75-80.

[30] 邓新安. 重庆朝天门长江大桥建造中的技术创新. 中国港湾建设, 2008, (5): 1-4.

第 2 章　PC 桥面板-钢管混凝土桁梁桥

2.1　概　　要

全钢管混凝土桁梁桥，即主梁、桥墩均采用钢管混凝土桁的一种新型组合桥梁结构。具有结构简洁美观、造价经济等优点，可选择吊装及顶推方法施工，模板支架少；桁架结构自重轻、刚度大，受力明确；结构通透性好，抗风性能好。

全钢管混凝土桁梁桥新结构，首次成功应用于海南三亚西河桥，2002 年设计完成，2003 年竣工。推广应用于三亚东河桥、福建泉州奥林匹克公园桥、雅西高速干海子大桥、深圳光明新区富利北路李松廊人桥管线桥等工程。

2.2　钢管混凝土受力机理

1. 钢管混凝土受力机理

钢管混凝土，本质上属于套箍混凝土，其基本力学特征是：一方面，核心混凝土受到钢管约束在承受轴向压力时发生的侧向应变受到限制，处于三向受压状态，从而具有比普通钢筋混凝土大得多的承载能力和变形能力。另一方面，钢管也受到核心混凝土约束，管壁稳定性增强，它既是结构的组成部分，又起到施工模板、支架的作用。

先安装的构件将参与后期受力。钢管参加各阶段受力，而钢管内混凝土仅参与除钢管与管内混凝土重量以外的后期受力。显然，在同一截面上，钢管所受的力比混凝土要大。从材料性质上看，钢材的抗拉压性能均比混凝土好，钢管混凝土的施工顺序也正是设计所期望的。

2. 钢管内流态混凝土受力机理

在灌注钢管混凝土的施工过程中，当混凝土处于流态还未凝固时，一般仅仅将其作为荷载计算，这实际上是不真实的。

研究认为，钢管内的流态混凝土承受一部分内力，因此钢管内的混凝土凝固时会有初应力。因为流态混凝土不能传递剪力、弯矩，也不能传递集中力产生的点压力，但它能传液压力，其大小为 $P = \gamma \times h$。在拱顶处 $h = 0$，但在拱脚处 h 就等于矢高 f[1]。

任一截面上的流态混凝土均产生面压力，它沿拱轴线一直传到拱脚；同时，也使钢管内壁产生正压力及环向拉应力。

3. 桁式组合结构

由于自重轻、施工方便、承载力高、稳定性好、美观实用等被迅速推广。钢管混凝土是指混凝土填充入圆钢管内形成的套箍混凝土，其基本原理有：①借助内填充混凝土增强钢管壁的稳定性；②借助钢管对核心混凝土的套箍作用，使核心混凝土处于三向受压状态，从而使核心混凝土具有更高的抗压强度和变形能力。它在施工工艺方面的独特优点[2,3]：

(1) 钢管本身就是耐侧压的模板，并可适应先进的泵送混凝土工艺；

(2) 钢管本身就是钢筋，兼有纵向力筋和横向箍筋双重作用；

(3) 钢管本身又是劲性承重骨架，节省施工设备及费用。

影响钢管混凝土极限承载力的主要因素：①钢管对核心混凝土套箍强化作用；②柱的长细比；③作用力的偏心率；④端部约束条件；⑤沿构件长度方向的弯矩分布梯度等。在桁拱和格构柱的计算中，还应考虑钢管混凝土桁肢的抗压强度不相等这一重要特性。

桁式组合梁的承载力计算包括单肢承载力和整体承载力及缀杆计算。在轴心受压时整体承载力与单肢计算形式相同；偏心受压时，则采用应力验算形式。其变形计算的刚度为

$$拉压刚度：E_A = E_g A_g + E_c A_c$$

$$弯曲刚度：E_I = E_g I_g + E_c I_c$$

式中，A_g、I_g 为钢管横截面的面积和对其重心轴的惯性矩；A_c、I_c 为钢管内混凝土横截面的面积和对其重心轴的惯性矩；E_g、E_c 为钢材和混凝土的弹性模量。

桁式组合梁的稳定性计算也包括分肢稳定性和整体稳定性及缀杆稳定性的计算。桁管为压弯构件，存在着稳定问题。桁管的稳定问题分两类，第一类为平衡分枝点稳定，第二类为极值点稳定。

第二类稳定要考虑材料非线性问题，如不考虑，以第一类稳定的临界荷载作为稳定极限荷载的渐进值。因此，第一类稳定的临界荷载是第二类稳定问题极限承载力的上限值[4]。

严格地说，由于构件制作、安装误差、材料缺陷、作用力的偏心，工程上的第一类稳定是不存在的。材料非线性与几何非线性使得结构计算复杂，第一类稳定问题在简单情形下可以得出解析解，对研究稳定问题具有意义。

2.3　三亚西河景观桥

1. 概述

三亚西河景观桥是我国首座全钢管混凝土桁梁桥，2003 年建成。三亚西河景观桥一端连接西河东路商品街一巷的另一路口，一端连接西河西路，三亚市西河桥亦为钢管桁梁结构形式，全长 243m，宽 4.6m。共 13 个节段，主跨 60m，多数节段为双曲线桁架梁，结构新颖，外形如出水蛟龙。加工技术复杂，用钢重 300 吨，见图 2.1。

　　钢管混凝土双 Y 刚构曲线组合桥梁，在三亚西河桥成功应用。主跨(36.3+36+60+36+36.3)m，桁架中心高仅 1.8m，高跨比 1/33，在人群荷载作用下的中跨竖向挠度为 33mm，活载挠跨比为 33/60000=1/390，结构的竖向刚度可满足要求。在结构设计中已经考虑到了负反力问题，边墩靠江侧的 Y 撑最后才安装的施工措施大大减小了负反力值[5]（图 2.2）。

图 2.1　美丽的三亚西河景观桥　　　　　　图 2.2　全钢管混凝土双 Y 刚构桁梁桥

2. 设计特点

　　西河桥是连接城市商业区与白鹭公园的一条重要人行通道，采用了多项新技术、新结构、新工艺[6]：

　　(1)采用曲线钢管混凝土桁梁。节省钢材，使桥梁的自重大大减轻，风阻力减小，通透性好；减轻了基础的承重和支座反力，美观大方，与景观协调；节省模板、支架；方便了施工、缩短了工期、保护了环境，具有良好的社会经济效益与环境效益。

　　(2)采用多跨双 Y 型刚构。有效地减小跨径，改善了桥梁整体受力状况。

　　(3)采用部分钢管混凝土。根据受力需要，选择合理的灌注区段，有效地改善了桥梁整体及局部受力状况。

　　(4)采用预弯预应力新技术。通过施工加载措施，产生预弯预应力，减小支点负弯矩区的拉应力。

　　(5)采用高效、环保新型防腐涂装体系。在该桥设计过程中，对该桥所采用的新型曲线多跨双 Y 型刚构钢管混凝土桁梁进行空间理论分析并进行监测、监控，为设计与施工提供依据。

　　主桥整体组合桥面，桥面总宽 4.6m，人行道净宽 4.0m；桥面纵坡最大 13%；中心线位于 $R \geqslant 80m$ 竖曲线上；平曲线中心线两端位于 $R=30m$ 曲线上；桥面横坡为 1.3%；桥梁设计使用年限为 30 年。人群荷载 4.0kN/m²，其他荷载 2kN/m²；潮水压力按 JTGD60—2004 第 2.3.3 条办理；温度影响力分别按升温 13℃，降温 13℃计算；冲击力按内河 4 级航道计横桥向船撞冲击力；混凝土收缩影响力按降温 13℃计；地震基本烈度 6 度，按 7 度设防；风力基本风压强度 $W_o=1300Pa$，如图 2.3 和图 2.4 所示。

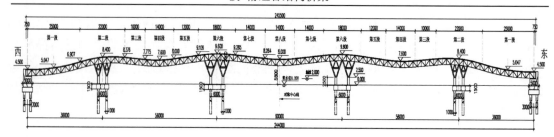

图 2.3　桥梁立面布置图

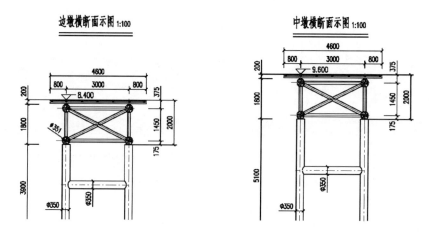

图 2.4　桥梁横断图

上部结构钢梁、联结系等钢构件必须在专业的钢结构制造厂内加工、涂装。钢梁分 13 段(8 种),每段重<30t,建议利用驳船直接运至施工现场。运输过程中采取足够的支护措施防止变形;现场使用 2 台 30t 吊机分段吊装,搁置在临时支架上,主梁分段处的接缝利用高精度焊接连接定位,对梁体平面、轴线、预拱度等进行复测调整,符合精度后再进行横向连接的焊接和栓接。钢管内混凝土采用泵送,当混凝土强度达到设计强度 30 %后,即可拆除临时支架。整个桥面系的架设、铺筑、加载严格控制主梁变形[7]。

钢管 C30 微膨胀混凝土应进行配比试验,膨胀率 0.3%～1%;灌注微膨胀混凝土前,应使用干净的淡水清洗钢管内壁,采用泵送施工,施工顺序图如图 2.5 所示。

(1)分别进行桩基础与承台桥台的施工;柱顶预先埋设预埋件。

(2)吊装墩顶钢 Y 型刚构并灌注混凝土;注意边墩河中心侧 Y 构暂不安装,只安装桥台侧 Y 构。

(3)吊装钢梁节段二、节段六;将 Y 构顶端与主桁焊接。

(4)吊装并拼接节段一、节段三、节段五、节段七;边墩压重(13t)防止倾覆。

(5)将节段端头进行压重(每个端头 13t);浇注 0～1、4～3 跨全范围内及墩顶相应范围内主桁钢管内混凝土;待主桁钢管内混凝土强度达到 30%后拆除所有配重。

(6)拼接合拢段,合拢段合拢顺序为:先边跨后中跨;上二期恒载(包括栏杆等);待全部恒载安装完毕后将边墩另一 Y 构安装、焊接就位。

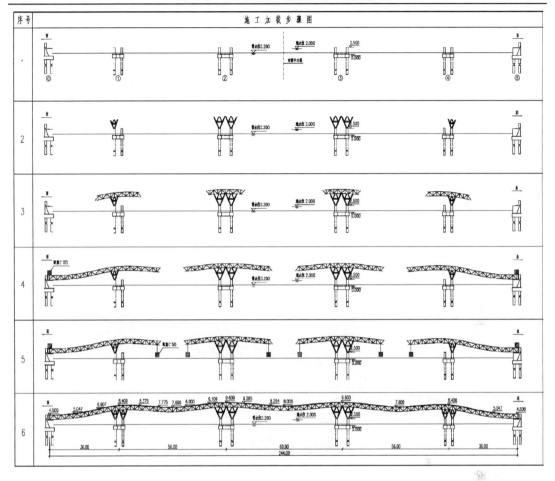

图 2.5　施工顺序图

2.4　主梁静力分析

1. 计算模型

按该桥的设计图纸，将结构离散为三维有限元模型，所用单元为空间梁单元。采用的计算程序为 ANSYS（R）Release 6.1。有限元离散图的平面图、轴测图分别如图 2.6 和图 2.7 所示，墩、承台及部分桩的细部模型如图 2.8 所示。

图 2.6　有限元离散平面图

2. 计算内容

结构的自重恒载内力分布与结构所采用的施工过程密不可分。以下计算了该桥的施工过程以反映结构的自重恒载影响，此外还计算了成桥使用阶段的若干工况并与自重恒载进行了组合。

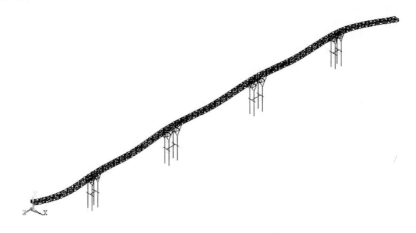

图 2.7　有限元离散轴测图

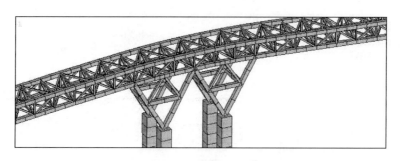

图 2.8　墩、承台及部分桩的细部模型

按设计图纸的结构施工流程，该桥主要包括八个施工阶段。以下列出各个阶段的简要说明及相应的结构离散图立面[8]。

阶段 1：吊装 2#、6#钢节段。

阶段 2：吊装 1#、3#、5#和 7#钢节段并连接。

阶段 3：桥台及悬臂端头压重。

阶段 4：浇注边跨及 Y 撑顶主桁钢管内的混凝土。

阶段 5：拆除桥台及悬臂端头压重。

阶段 6：吊装合拢段 4#、6#钢节段并连接。

阶段 7：安装桥面及附属设备(二期恒载)。

阶段 8：吊装边墩江侧的 Y 形撑，全桥施工完毕。

3. 计算结果

主要包括支点反力、主桁的竖向位移及轴力、最大应力等。

图 2.9 所示为施工过程中的梁段划分及整理计算结果时的位置示意，其中位置 1 和位置 15～位置 23 为支点反力位置，位置 2～位置 14 为主桁上的点。由于边跨主梁的水平弯曲作用，横桥向的两个支点反力不完全相等。

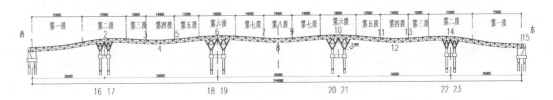

图 2.9　计算结果的位置编号示意

1）节点竖向位移

表 2.1 所示为主桁若干位置处施工过程各阶段的竖向位移，单位为 mm。同样，需注意的是，表中各施工阶段的位移值为施工至该阶段的累计位移，而不是本阶段的增量位移。

表 2.1　节点竖向位移

位置	阶段 1	阶段 2	阶段 3	阶段 4	阶段 5	阶段 6	阶段 7	阶段 8
2	−6	−7	−13	−13	−3	−6	−8	−8
3	0	−34	−222	−193	−27	−30	−80	−81
4	0	0	0	0	0	−24	−36	−36
5	0	−20	−20	−20	−20	−37	−60	−60
6	0	1	1	1	1	1	2	2
7	0	−31	−31	−31	−31	−46	−68	−68
8	0	0	0	0	0	−19	−43	−43
9	0	−31	−31	−31	−31	−46	−68	−68
10	0	1	1	1	1	1	2	2
11	0	−20	−20	−20	−20	−37	−60	−60
12	0	0	0	0	0	−24	−36	−36
13	0	−34	−222	−193	−27	−30	−80	−81
14	−6	−7	−16	−13	−3	−6	−8	−8

中跨的跨径较次中跨的跨径大，而次跨中跨内的位置 3、4 和位置 12、13 的竖向位移较中跨内相应位置 7、8、9 的竖向位移却大，原因是边墩江侧 Y 撑的安装时间靠后。

各墩墩顶的主桁竖向位移（位置 2、6、10、14）均在 16mm 以内，这说明各墩的竖向刚度足够大。

2）主桁正应力

表 2.2 所示为主桁施工过程各阶段的上、下弦最大、最小正应力，单位为 MPa。同样，需注意的是，表中各施工阶段的正应力为施工至该阶段的累计应力，而不是本阶段的应力增量。

表 2.2　主桁正应力

位置		阶段 1	阶段 2	阶段 3	阶段 4	阶段 5	阶段 6	阶段 7	阶段 8
上弦	最大	16.9	60.9	141.8	141.4	66.6	74.7	113.1	113.3
	最小	−1.8	−20.8	−7.3	−21.3	−47.9	−42.9	−36.9	−36.8
下弦	最大	3.3	18.8	7.9	21.2	44.3	39.2	33.2	33.2
	最小	−11.6	−48.4	−118.2	−118.4	−31.8	−62.1	−89.3	−89.6

表中阶段 3、4 的极值应力突然增大很多，这是由悬臂端头的压重引起的，随着压重的拆除（阶段 3），此极值应力又下降至正常水平。

表 2.3 为成桥状态各计算工况的主桁上、下弦杆最大、最小正应力，单位为 MPa。

表 2.3　主桁正应力

位置		全桥满载	中跨满载	升温+13℃	降温-13℃	中墩沉降 2cm	边墩沉降 2cm
上弦	最大	81.3	82.2	6.7	21.8	8.6	7.1
	最小	-42.9	-43.6	-21.8	-6.7	-7.2	-3.4
下弦	最大	33.3	33.6	7.9	20.3	3.7	3.2
	最小	-81.2	-83.4	-20.3	-7.9	-3.7	-6.2

可见，由温度变化和基础沉降引起的极值应力较小，而由人群荷载引起的主桁上、下弦杆极值应力较大。

表 2.4 所示为各种荷载组合下的主桁上、下弦杆和斜杆的最大、最小正应力，单位为 MPa。表中的"斜杆"包括主桁上、下弦间的竖杆和斜杆及两片主桁间的上平联、下平联和横框架各杆。

表 2.4　各种荷载组合下的主桁上、下弦杆和斜杆应力

位置		组合 1：恒载+全桥满载+升温	组合 2：恒载+全桥满载+降温	组合 3：恒载+中跨满载+升温	组合 4：恒载+中跨满载+降温
上弦	最大	187.3	180.0	187.7	181.7
	最小	-111.1	-94.9	-113.9	-84.4
下弦	最大	34.1	33.4	34.6	36.4
	最小	-149.9	-148.9	-132.1	-124.3
斜杆	最大	169.3	169.6	148.0	141.9
	最小	-180.6	-166.9	-181.7	-163.9

由表 2.4 可见，最大正应力为上弦杆的拉应力(约 190MPa)，位于 Y 撑的顶部，具有较高拉应力的部位很少，考虑到钢管内灌注混凝土的作用，实际应力值将小于表中数值[9]。

4. 结构自振特性

以成桥时的结构状态为目标，计算了该桥的前 3 阶自振模态，结构各阶模态的自振频率及其对应振型的平面、立面如图 2.10～图 2.12 所示。

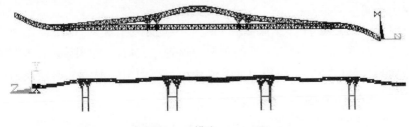

图 2.10　模态 1：0.63Hz

图 2.11　模态 2：0.662Hz

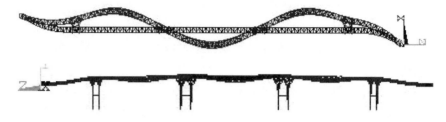

图 2.12　模态 3：0.711Hz

由上述各阶自振频率及其振型图，可把前 10 阶模态分为四个区间：

Ⅰ. 模态 1(0.63Hz)～模态 3(0.711Hz)，以横弯变形为主；

Ⅱ. 模态 4(0.781Hz)，以纵向变形为主；

Ⅲ. 模态 5(0.886Hz)～模态 8(0.938Hz)，以竖弯为主，模态 6 过渡；横弯和扭转变形；

Ⅳ. 模态 9(1.009Hz)～模态 10(1.178Hz)，以横弯为主，兼有扭转变形。

5. 结论

由前述各图表及分析可得出以下结论[10-12]：

(1)人群荷载作用下的中跨竖向挠度为 33mm，因此活载挠跨比为 33/60000=1/390，结构的竖向刚度满足要求。从自振特性看，结构横向刚度比竖向刚度稍小，但相差不大。

(2)从最大正应力来看，结构各部位杆件的强度均可满足规范的要求。

(3)荷载组合 4，即恒载＋中跨及次中跨满布人群荷载+均匀降温−13℃时边墩的岸侧支点出现了负支反力(拉力)。桩底受拉的支反力对基础的受力较为不利，但考虑到该值较小，且出现在较为不利的荷载组合下，故其对结构的安全性影响不大。

(4)在结构设计中已经考虑到了负反力问题，边墩靠江侧的 Y 撑最后才安装的施工措施大大减小了负反力值。

降温　13℃时在支点 16、支点 23 的 a、b 位置分别引起约−670kN 的拉力，由组合支反力表可见，荷载组合 4 时该位置的负反力仅为−270kN。如果降低结构的合拢温度，此时结构的均匀升温值增大，而均匀降温值减小，在均匀降温−8℃时负反力现象就会消失。因此降低结构的合拢温度也是有效的施工措施之一。

2.5　干海子特大桥

1. 概述

干海子特大桥 2012 年 4 月竣工，位于海拔 2300m 的四川雅安石棉县境内，为京昆高速、雅西高速公路重难点控制性工程之一，一共设计 36 跨，大桥的桥墩也采用了独特的空管设计，减轻了桥墩重量，大桥设计抗地震烈度为 9 度(图 2.13)。

干海子特大桥的建成，使成都到西昌缩短为 420km，自驾 3h 即可到达，比过去节省了约一半的时间，而若还需继续南下前往攀枝花，再经过已经建成的西攀高速即可，全程仅 6h。

图 2.13　干海子特大桥

干海子特大桥原设计采用 23m、40m 的简支 T 梁桥，共 31 孔，最大分联长度 200m，全桥长 1803m，下部结构为钢筋混凝土空心薄壁桥墩和 2m 直径的群桩基础。优化设计后采用 44.3m、62.3m 的钢管混凝土桁梁桥，共计 36 孔，最小联长 268m，最大联长 1043m，全桥长 1811m。下部结构为钢管混凝土格构桥墩、混合桥墩和 1.8m 直径的群桩基础。

表 2.5 所示为两种桥型方案的投资比较表。

表 2.5　两种桥型方案投资比较表[13]

项目	混凝土/m³	钢筋与型钢/t	钢管/t
原 T 梁桥	144307	19664	0
钢管桁桥	52207	7015	8057
工程量增减	92100	−12649	8057
主材增减幅	−64%	−64%	100%

从表 2.5 比较可以看出，采用钢管混凝土连续桁梁桥比简支 T 梁具有明显的经济优势。

2. 设计特点

大桥第三联(31—36 跨)采用竖直提升完成整跨安装，第一、二联(1—30 跨)根据线形特点采取分段拖拉完成主梁架设。1—13 跨分 3 次拖拉，即 2+2+3+3+3 的模式完成前 13 跨主梁安装，16—30 跨分 4 次完成主梁架设，即 3+6+3+1 的模式，最长拖拉单元为 6 跨，拖拉长度 373m。

桥面板的厚度为 20cm 现浇 C30 钢纤维砼每个浇筑循环施工分三次浇筑：第一次砼浇筑至墩顶纵向预应力第一次张拉处，满足强度要求后，进行纵向预应力第一次张拉和灌浆。再进行第二次砼浇筑至纵向预应力第二次张拉处，满足强度要求后，进行纵向第二次预应力张拉和灌浆。同期也进行桥面横梁预应力对称张拉和灌浆；最后进行翼缘板砼浇筑施工。桥面板支架设计分两部分：第一部分是桥梁中间部分(浇筑总体思路，一宽度为7.77m)采用自制钢支架悬挂在主梁上弦管上，两个横肋间布置3榀，混凝土张拉后搭设钢管支架平台对钢支架和模板进行拆除。翼缘板模板采用定型钢模板，为适应曲线桥面宽度，两块钢模之间用13mm厚竹胶板调整，悬臂模板采用2榀20#槽钢组合梁悬吊，双槽钢横梁一端悬臂，一端锚固于已浇筑砼桥面板预埋锚筋上。每个拖拉单元在拖拉出平台前，提前安装支架，支架随主梁一起拖拉带出，支架的安装在拼装平台上通过龙门吊或塔吊完成，其余部分因受拖拉工况的制约，支架不能带上，待主梁架设到位后安装卷扬机进行安装。模板采用竹胶板待主梁体系转换完成且上下弦管内混凝模板安装，土灌注后开始模板的铺装，首先调整托架高程，再在支架上安装方木，最后在方木上铺装竹胶板，安装完成进行标高及安装质量检验，合格后开始钢筋绑扎。悬臂翼缘板施工外侧翼缘板支架悬臂模板采用4根20#槽钢组合为两根横梁悬吊，双槽钢横梁一端悬臂，一端锚固于已浇筑砼桥面板预埋锚筋上。通过行车龙门吊完成模板安装，待横向预应力张拉压浆完成后拆除模板。

(1)结构体系。

全桥分为三联，即486.3m(4墩固接)、1043.1m和279.6m(台梁固接)。

(2)曲线设计。

该桥位于圆曲线、缓和曲线和卵型曲线上，其中R_{min}=336m。主桁梁节点位于曲线

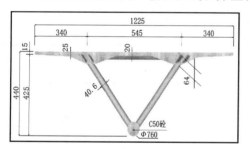

图2.14　干海子特大桥桁架V构细部

上，曲线内桥墩的盖梁、墩柱、桩基沿径向布置。

(3)主梁构造。

主桁高440cm、桁间距440cm，下弦C60、管径Φ813mm的钢管混凝土，腹管Φ406mm。主跨梁高相同，62.3m跨度在桥墩处设斜撑，如图2.14所示。

主梁为左、右分幅设计，每幅桥由一个"三角形"组成，两幅桥设置"Y"横撑。桥面板为厚20cm的C30预应力混凝土结构，如图2.15所示。

(4)桥墩设计。

桥墩有钢管混凝土格构桥墩、混合桥墩两种。桥墩高度大于60m采用混合桥墩。桥墩用四根Φ813mm钢管、内灌C30混凝土，纵横向用钢管连接组成。纵向按1∶30放坡。

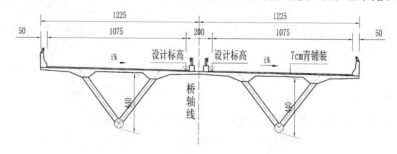

图2.15　干海子特大桥横断面

3. 技术特点

(1)大桥桥墩为钢管砼格构墩、主梁为钢管砼桁架梁,在桥梁中属于新型的桥梁组合结构。大桥的施工对在新环境下,引用高强材料,减轻自重,开发新结构,简化施工工艺的新桥型方案具有很高的科研价值,将为山区高速公路建设探索出一条新路。

(2)大桥的承力结构为钢管砼格构墩及钢管混凝土桁架梁,对钢管焊接施工工艺要求极高,施工技术难度大。对钢管防腐技术要求也特别严格。

(3)大桥钢管内分别灌注 C30、C60 高强收缩补偿膨胀砼。根据大桥施工特点梁体主弦杆钢管砼以泵压法自主梁一端向另一端压注,墩身钢管混凝土采用高抛方式灌注。对混凝土低泡、大流动性、收缩补偿、延后初凝等性质要求较高,所以,混凝土配合比设计难度极大。

(4)钢管在运输、拼装焊接、吊装过程中的防碰撞、变形等必须采取切实可行的有效措施进行防范和控制。

4. 小结

干海子特大桥通过采用全钢管混凝土桁梁桥新结构,相对于预应力混凝土简支梁桥,减少混凝土用量 9200m³,减少钢材 4300t。对于山区桥梁具有工程实际意义,对复杂山区中等跨度桥梁技术发展有所启示。

5. 工程技术重难点

(1)大桥位于地震裂度高的地区;

(2)线形复杂,弯、曲、陡,最小半径仅为 336m;

(3)气候条件恶劣,对本桥主要以钢结构加工制造、焊接、高墩吊装及焊接、外场主梁的总拼和顶推拖拉架设极其不利;

(4)第一次墩、梁均采用钢管结构,加工制造、安装难度大;

(5)涉及钢结构制造、防腐涂装、砼工程等多种专业,在复杂条件的施工工艺;

(6)墩、梁结构在复杂条件下的架设工艺;

(7)水平钢管砼灌注工艺技术含量高,总体布置受结构自身和地形条件限制。

1)墩柱制作、安装难点

格构墩由 4 根 ϕ813(ϕ720)mm 钢管混凝土立柱、横向每 12m 设一道钢管横联、纵向每 2m 一根连接杆组成格构,高墩部分根部设纵向钢筋混凝土肋板,钢管墩根部单根外包 3m 高 13cm 厚钢筋混凝土,管内灌注 C30 砼。

(1)所有钢管立柱、纵横连接杆件下料与焊接拼装;

(2)墩柱高空施工的空中固定与位置控制;

(3)吊装设备的制备与高空吊装安全、质量保证。

2)主梁架设难点

(1)大桥所在区域为高山深切河谷区山坡自然坡度-30°;

(2)环境条件恶劣,雨雾冰雪天气多;

（3）墩高，13#～26#为高墩区，最高墩 107m，高空作业风险极大。

干海子特大桥作为世界上第一座全管桁架结构梁桥。解决了钢管混凝土格构墩的制造与安装、高抛致密实砼灌注控制技术；钢管桁架梁的制造与主梁安装技术、桁架梁水平钢管砼泵送技术；桥面板施工等技术。对新桥型进行了有益的实践与探索。

参 考 文 献

[1] 李勇，等. 钢-混凝土组合桥梁设计与应用. 北京：科学出版社，2002. 43-32.

[2] 尹书军. 沪杭客运专线跨沪杭高速公路特大桥(88+160+88)m 自锚上承式拱桥设计. 铁道标准设计, 2003, (3): 37-60.

[3] 徐君兰. 大跨度桥梁施工控制. 北京：人民交通出版社，2000. 22-23.

[4] 张联燕，李泽生，程懋方，等. 钢管混凝土空间桁架组合梁式结构. 北京：人民交通出版社，2001. 11-16.

[5] 周念先. 桥梁方案比选. 2 版. 上海：同济大学出版社，1997. 41-46.

[6] 和丕壮. 桥梁美学. 北京：人民交通出版社，1999. 163-168.

[7] 陈宝春，孙潮，陈友杰. 桥梁转体施工方法在我国的应用与发展. 公路交通科技，2001, (2): 24-28.

[8] 张联燕，程懋方，谭邦明，等. 桥梁转体施工. 北京：人民交通出版社，2002. 121-126.

[9] 黄卿维，陈宝春. 日本前谷桥的设计与施工. 福建建筑，2003, (1): 38-62.

[10] Zou Y S, Shan R S. The determination of jacking force for closure of continuous rigid frame bridge. Journal of Chongqing Jiaotong Instiue, 2006, (2): 12-13.

[11] 赵玲，庄勇. 无锡市金匮桥总体设计与结构特色. 桥梁建设，2003, (3): 64-66.

[12] Li Y L, Zhou W. Calculation methods and meshanical behavior analysis of jacking force for closure of continuous rigid-frame bridge. Technology&Economy in Areas of Communications, 2007, (3): 6-8.

[13] 牟廷敏. "中等跨度钢管混凝土桁梁桥成套技术研究"交流汇报. 2012.

第3章　波形钢腹板 PC 组合桥梁

3.1　波形钢腹板桥梁的发展现状

波形钢腹板预应力混凝土组合箱梁是一种新型的钢—预应力混凝土组合结构，它充分利用了混凝土抗压、波形钢腹板质轻、抗剪屈服强度高的优点。由于波形钢腹板不抵抗轴向力的作用，所以能有效地对混凝土顶板和底板施加预应力，并且波形钢腹板不约束箱梁顶板和底板由于徐变和干燥收缩所产生的变形，避免了由于钢腹板的约束作用所造成的箱梁截面预应力损失，加之又采用了体外预应力索，免除了在混凝土腹板内预埋管道的繁杂工艺，减少了预应力钢筋的用量。与过去的结构相比，波形钢腹板组合箱梁恰当地利用了钢与混凝土的优点，提高了结构的稳定性及材料的使用效率，很好地解决了传统的预应力混凝土箱梁腹板易出现裂缝的问题[1]。工程实践表明，中、大跨径的桥梁采用波形钢腹板组合箱梁结构，具有较好的经济效益。采用波形钢腹板组合箱梁结构，可有效减轻桥上部结构的重量，降低桥梁整体工程造价[2]，其概要图如图 3.1 所示。

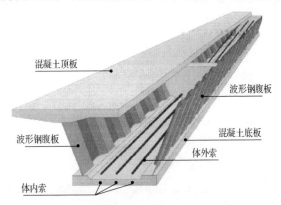

图 3.1　波形钢腹板组合梁桥概要图

波形钢腹板预应力混凝土箱梁桥于 20 世纪 80 年代由法国开发，此后在日本得到推广应用，截至 2008 年底已建在建该类桥梁总数已达 130 多座，目前已为日本高速公路普遍使用的桥梁形式。在我国，波形钢腹板预应力混凝土箱形连续梁成规模地应用，鄄城桥尚属首次。(70+11×120+70)m 这样的多跨大跨度波形钢腹板预应力混凝土箱形连续梁在规模上亦突破了法国、日本的现有纪录。

自 1886 年世界上第一座波形钢腹板桥——法国的 Cognac 桥建成以来，以其优越的受力性能、具有竞争力的经济效益、快速方便的施工以及美观的外形，波形钢腹板组合箱梁桥作为一种新型组合结构在欧洲和日本等得到了较快的发展，其研究和应用较多[3]。

　　法国 1887 年又修建了 Maupre 高架桥(图 3.2),桥梁跨径布置为(41.0+57.3+53.6+50.4+47.3+44.1+41.0)m,主梁为三角形箱连续梁桥,随后又修建了 Dole 桥、Asterix 桥。桥跨形式包括简支和连续桥梁。

　　近年来这种结构形式的桥梁在日本发展十分迅速,1883 年建成了日本第一座波形钢腹板组合箱梁桥——新开桥,该桥全长 31m,桥宽 14.8m,跨径 30m 的简支,断面为双向单室,混凝土与波形钢腹板的连接采用栓钉连接,波西钢腹板间的连接采用突缘焊接[4]。

　　1888 年 7 月建成的日本本谷桥(图 3.3)为日本北海道北陆汽专用公路中央位置处的波西钢腹板组合箱梁桥,为世界第一座波西钢腹板刚构桥。桥梁全长 187.2m,各跨跨径为(44.0+87.2+56.0)m,桥面净宽 10.5m。首次采用波形钢腹板与混凝土埋入式连接,波形钢腹板间用高强螺栓单面摩擦连接,波西钢腹板用涂装防锈[5]。

图 3.2　法国 Maupre 高架桥

图 3.3　日本本谷桥

　　2002 年,日本建成的中野高架桥(图 3.4),该桥位于日本坂神高速公路北线主线的最东部,主线 2 座匝道均为 4 跨波形钢腹板 PC 桥,跨径布置为:(47.2+71.3+82.4+51.4)m。桥长 250m,桥面净宽 8.45m,最小曲线半径 250m。混凝土与波形钢腹板的连接:底板采用埋入式连接,顶板采用单 PBL 键加焊钉的连接方式,波形钢腹板件的连接采用摩擦连接。

　　2006 年,日本完成了一座连续长度超过 1000m 的波形钢腹板组合箱梁桥——鬼怒川桥(图 3.5),该桥于 2003 年 7 月 24 日开始修建,2006 年 11 月 4 日建成。该桥桥长 1005m,为 16 跨连续梁桥,跨径组合为(45.75+4×46.80+61.70+8×71.80+60.55)m,桥宽 8.65m,根部梁高 5.0m,跨中梁高 4.0m。

图 3.4　日本中野高架桥

图 3.5　日本鬼怒川桥

2007 年建成了日本栗东桥(图 3.6),该桥是日本第二(名古屋)神(神户)高速公路中的一座桥梁,位于大津交叉口和信乐交叉口之间的山地,在琵琶湖的东南端约 10km 处。桥位的西侧是十分陡峭的山地,山上有日本珍惜的植物,桥梁直接接上栗东隧道。考虑到地形条件和环境保护因素,不宜在山坡设墩,而应以大跨度跨越,最后为波形钢腹板组合箱梁矮斜拉桥。栗东桥分为上、下行两条线路,上行线为四跨,跨径组合为(67.6+115.0+170.0+137.6)m,桥长485m,下行线为五跨,跨径组合为(72.6+80.0+75.0+160.0+152.6)m,桥长555m。该桥桥面宽18.3m,有效宽度16.5m[6]。

图 3.6　日本栗东桥

此外,挪威、委内瑞拉、德国、韩国等也将这一结构形式应用于桥梁建设中,参见表 3.1[7]。

表 3.1　国外修建的波形钢腹板组合桥梁

序号	国别	桥名	结构形式	跨径布置/m	施工方法	建成年份
1	法国	Cognac 桥	3 跨连续	31+43+31	满堂支架	1886
2		Maupre 高架桥	7 跨连续	40.85+47.25+53.55+50.4+47.25+44.10+40.85	顶推施工	1887
3		Dole 桥	7 跨连续	48+5×80+48	悬臂施工	1888
4	德国	Altwipfergrund 桥	3 跨连续	81.5+115+81.4	悬臂施工	—
5	韩国	Ilsun 桥	14 跨连续	50+10×60+50+2×50.5	顶推施工	2005
6	法国	Asterix 桥	2 跨连续	43(最大跨径)	支架施工	1888
7	委内瑞拉	Coniche 桥	7 跨连续	80(最大跨径)	悬臂施工	2002
8	日本	栗东桥	4 跨部分斜拉桥	137.6+170.0+115.0+67.6	悬臂施工	2005
9		矢作川桥(东)	4 跨预应力斜拉桥	173.4+2×235.0+173.4	悬臂施工	2005
10		池山高架桥	10 跨预应力连续刚构	46.5+104.0+114.0+88.0+4×106.5+88.0+50.5	悬臂施工	2006
11		中一色川桥	5 跨预应力连续梁	71.3+3×130.0+71.3	悬臂施工	2007
12		中一色川桥	6 跨预应力连续梁	62.8+3×112.0+110.5+61.3	悬臂施工	2007
13		宫家岛高架桥	23 跨预应力连续梁	51.2+7×53.0+54.0+85.0+53.0+3×52.0+58.5+60.0+101.5	悬臂施工	2007
14		入野高架桥	10 跨预应力连续梁	56.7+3×58.0+80.0+124.0+80.0+2×58.0+45.7	支架施工	—
15		朝比奈川桥	7 跨预应力连续刚构	81.2+150.4+81.2+73.2+84.7+104.8+73.2	悬臂施工	2008

序号	国别	桥名	结构形式	跨径布置/m	施工方法	建成年份
16	日本	上伊佐布第三高架桥	5跨预应力连续刚构	53.0+105.0+136.0+88.0+53.0	悬臂施工	—
17		前川桥	5跨预应力连续梁	76.8+120.0+104.0+120.0+76.8	悬臂施工	2008
18		谷津川桥	5跨预应力连续梁	43.8+81.0+135.0+74.0+37.3	悬臂施工	—
19		菱田川桥	8跨预应力连续刚构	64.8+3×105+124+75+54+52.8	悬臂施工	—
20	法国	Charolles桥	7跨连续梁，三角形箱梁，下翼缘圆形钢管混凝土	主跨53.6，全长327	—	—
21	挪威	Tronko桥	2悬臂边跨+1简支中跨	—	—	—
22	委内瑞拉	Caracas桥	4跨连续梁	—	—	—
23	日本	新开桥	单跨简支梁	30	—	1883
24		银山御幸桥	5跨连续梁	27.4+3×45.5+44.8	—	1886
25		本谷桥	3跨连续刚构	44+87.2+56	—	1888
26		锅田高架桥	3跨连续梁	47+81.5+47	—	2000
27		中子泽桥	2跨连续梁	47.8+47.5	—	2001
28		小河内川桥	2跨T形刚构	78.5+78.5	—	2001
29		白泽桥	单跨简支梁	50	—	2001
30		小犬丸川桥	6跨连续刚构	48.8+4×84+54.1	—	2001
31		前谷桥	2跨T形刚构	上行线77.3+84.3 下行线75.3+84.3	—	2001
32		胜手川桥	3跨连续刚构	58.3+86.5+68.8	—	2001
33		锅田西高架桥	3跨连续刚构	58+125+58	—	2001
34		大内山川第二桥	7跨连续刚构	48+2×66+120+57+43+34	—	2002
35		中野高架一桥	4跨连续梁	48+70.5+81.5+50.8	—	2002
36		中野高架二桥	4跨连续梁	57.5+83.8+60.5+38.8	—	2002
37		兴津川桥	4跨连续梁	68.1+112+142+130.6	—	2002
38		下田桥	4跨连续梁	44.3+136.5+48.8+38.4	—	2002
39		谷川桥	单跨简支梁	48.7	—	2002
40		安家4号桥	2跨连续梁	55.8+55.8	—	2002
41		栗谷川桥	4跨连续刚构	44+81+85+58	—	2002
42		鹤卷桥	4跨连续刚构	36.1+2×47+36.1	—	2003
43		门崎桥	4跨连续刚构	41.2+2×50+41.2	—	2003
44		白岩桥	3跨连续梁	上行线52+86+45 下行线54+82+51	—	2003
45		日见桥	3跨部分斜拉桥	81.8+180+81.8	—	2003
46		温海川桥	4跨连续梁	62.3+2×51.5+51.3	—	2004
47		黑部川B桥	6跨连续梁	2×50+2×72+2×50	—	2004
48		第二上品野桥	5跨连续梁	上行线50+86+45 下行线54+82+51	—	2004
49		长谷川桥	5跨连续刚构	58.8+3×82+58.5	—	2004
50		游乐部川桥	3跨连续梁	65.7+102.5+65.8	—	2004
51		津久见川桥	5跨连续刚构	48.6+2×75+47+42.6	—	2004
52		失作川桥	4跨复合斜拉桥	174.7+2×235+174.7	—	2004
53		信乐6号桥	2跨T形刚构	71.8+77.8	—	2004

续表

序号	国别	桥名	结构形式	跨径布置/m	施工方法	建成年份
54		信乐 7 号桥	5 跨连续刚构	57.5+3×88+57.5	—	2004
55		杉谷川桥	6 跨连续刚构	桥长 453	—	2005
56		千代川桥	2 跨连续梁	桥长 233.5	—	2005
57		曾宇川桥	单跨简支 T 梁	桥长 23.8	—	2005
58	日本	萱尾川桥	5 跨连续刚构	51+2×78+51+38.5	—	—
59		芦川第二桥	5 跨连续梁	桥长 356.4	—	—
60		鬼怒川桥	16 跨连续梁	45.75+4×46.8+61.7 +8×71.8+60.55	—	2006
61		近江大鸟桥(栗东桥)	4 跨(5 跨)埃塔斜拉桥	137.6+170+115+67.6 152.6+160+75+80+72.6	—	2007
62	伊朗	伊朗德黑兰 BR-06 桥	3 跨连续梁	83m+153m+83m	—	在建

注："—"表示资料不详

　　我国对波形钢腹板梁桥的研究与应用，在深度和广度上与国外都存在不小的差距。我国对波形钢腹板的组合箱梁桥的研究始于 20 世纪 80 年代中期。2005 年 1 月我国建成了第一座波形钢腹板组合连续箱梁人行桥——长征桥(图 3.7)，长征桥位于江苏省淮安市长征小学西侧，跨越里运河，跨径组合为(18.5+30 +18.5)m，桥长 67m，桥宽 7m，采用单箱单室截面形式.

　　我国首座波形钢腹板 PC 组合箱梁公路桥——泼陂河大桥(图 3.8)于 2005 年 7 月 1 日在河南省 S213 线光山县泼陂河境内建成通

图 3.7　江苏长征桥

车，该桥全长 128.26m，桥面宽度 16m，设计荷载公路为 I 级，其上部结构为 4 孔 30m 先简支后连续装配式体外预应力波形钢腹板组合箱梁结构。由河南省交通规划勘察设计院 2004 年设计完成，于 2004 年 8 月 20 日开工建设，投资额 550 万元，工期 10 个月。

　　2007 年开工建设的鄄城黄河公路大桥(图 3.9)，地处山东省南部鄄城县以北，位于山东与河南两省交界处，跨越黄河。它是规划建设的德州至商丘高速公路的一个重要控制工程，是晋煤东运及交通运输又一跨越黄河的通道。鄄城黄河公路大桥为 4 车道高速公路特大桥，桥梁宽度 28m，设计速度 120km/h；全桥一共 65 跨，主桥部分是 13 跨，当中是 11 跨 120m 再加 2 跨的 70m，采用波形钢板组合箱梁。大桥桥孔设置为 8×50m(预应力混凝土 T 梁)+(70+11×120+70)m(波形钢腹板预应力混凝土连续箱梁)+58×50m(预应力混凝土 T 梁)。

　　2012 年建成的南京绕越公路玉春桥(图 3.10)，采用等截面波形钢腹板预应力混凝土 PC 连续箱梁，单箱单室截面，跨径布置(30+40+30)m。

　　2012 年建成的滁河特大桥(图 3.11)是南京长江第四大桥北接线工程，主桥采用变截面波形钢腹板预应力混凝土 PC 连续箱梁，跨径布置(53.0+86.0+53.0)m，单幅上部箱梁为单箱双室，顶板宽 16.55m，底板宽 8.0m，墩顶根部梁高 6.5m，底板厚 130cm，跨中梁高 3.0m，底板厚 28cm，梁高和底板厚度均按抛物线变化。

图 3.8　河南泼陂河大桥

图 3.9　鄄城黄河公路大桥

图 3.10　南京绕越公路玉春桥

图 3.11　南京长江四桥滁河特大桥

我国国内修建的波形钢腹板组合桥梁如表 3.2 所示。

表 3.2　中国国内修建的波形钢腹板组合桥梁

序号	桥名	跨径布置/m	桥宽/m	结构形式	梁高/m	建成年份
1	江苏淮安长征人行桥	18.5+30+18.5	7	单箱单室	1.8	2005
2	河南光山泼陂河大桥	4×30	16	单箱单室	1.6	2005
3	重庆永川大堰河桥	25	8	—	1.6	2006
4	山东东营银座桥	38	6	单箱单室	2	2007
5	青海三道河桥	50	—	单箱双室	2.5	2008
6	邢台郭守敬桥	17+35+17	30	单箱七室	1.8	2008
7	邢台钢铁路桥	17+35+17	36	单箱七室	1.8	2008
8	邢台东环路桥(2座)	17+35+17	30	单箱七室	1.8	2008
9	桃花峪黄河大桥	75+135+75	2×16.55	单箱单室	3.5～7.5	2008
10	新密溱水河大桥	30+70+30	50	单箱双室	2.5～3.5	—
11	山东鄄城黄河公路大桥	70 +11×120 + 70	2×13.5	单箱单室	3.5～7	2011

续表

序号	桥名	跨径布置/m	桥宽/m	结构形式	梁高/m	建成年份
12	大广高速卫河特大桥	47+52+47	2×17	单箱三室	3.2	—
13	邢台七里河紫金大桥	88+156+88	13	单箱单室	4.2~8	—
14	南京长江四桥引桥	56.0+86.0+56.0	2×16	单箱单室	3~6.5	2012
15	深圳南山大桥	80+130+80	2×23.5~2×27.5	双单箱室	3.5~7.5	—
16	深圳平铁大桥	80+130+80	2×27	双单箱室	3.5~7	—
17	深圳甘泉大桥	86+135+80	2×17	双单箱室	3.5~7	—
18	深圳东宝河新安大桥	88+156+88	—	—	—	在建
19	珠海前山河特大桥	80+160+80	—	—	—	在建
20	江西井冈山桥	2×65	—	—	—	在建
21	深大 1 号桥引桥	4×25	10	单箱双室	4	在建
22	广州鱼窝头立交桥	35+50+35	10.5	单箱单室	2.65	2013
23	深圳湾内海大桥	225	11	单箱单室	2.55	2016
24	湖南衡阳清江大桥	2×30+208+5×30	25	双主梁	2.25	在建
25	东明黄河大桥主桥	3(85+7×120+85)	2×13.5	单箱单室	3.5~7.5	在建
26	东明黄河大桥跨堤桥	80+155+80	2×13.5	单箱单室	4.5~8.5	在建
27	洛三路弘农涧河桥	60+24×70+60	20.5	单箱带撑	4.5	在建
28	吉首石家寨匝道桥	7×24	8	单箱单室	2	在建

注:"—"表示资料不详

3.2　波形钢腹板 PC 组合桥梁特点与技术优点

波形钢腹板 PC 组合桥梁是用波形钢板取代预应力混凝土箱梁的混凝土腹板作腹板的箱形梁。其显著特点是用 10mm 左右厚的钢板取代 30~80cm 厚的混凝土腹板。顶底板预应力束放置空间有限,导致体外索的应用则是波形钢腹板预应力混凝土箱梁的第二个特点。两个构造特点使波形钢腹板预应力混凝土组合箱梁与预应力混凝土箱梁桥相比有如下优点。

(1)经济效益显著,抗震性能好。采用波形钢腹板代替厚重的砼腹板,减轻了上部结构的自重 20%~30%,从而使上、下部结构的工程量减少,降低了工程总造价。由于上部构造的减轻、波形板的褶皱效应,箱梁的抗震性能得到改善。

(2)结构受力合理,提高材料的利用率。在波形钢腹板 PC 箱梁桥中的砼均集中在顶、底板处,回转半径几乎增加到最大值,大大地提高了截面的结构效率;受力时砼用来抗弯,而波形钢腹板用来抗剪,弯矩与剪力分别由顶、底板和波形钢腹板承担,其腹板内的应力分布近似均布图形,而非传统意义上的三角形,有利于材料发挥作用;波形钢腹板 PC 箱梁桥采用体外预应力承受活载,因而即使在长期运营后,体外预应力索出现磨损或断裂时，也可以在夜间停止车辆通行后对其进行更换，以恢复承载力和进行结构加固。

（3）施工方便，提高施工速度。由于梁体自重的减轻，悬臂施工时，可减少节段数量，因而可短缩工期；悬臂浇注时钢腹板可用兼作挂篮的组成部分、顶推施工时可以用腹板作导梁、现浇时可省略腹板模板，从而方便施工、节省施工成本。如日本本谷桥在采用砼腹板箱梁时需要39个节段，而采用波形钢腹板后只需要31个节段，节段数减少了20%；鄞城桥120m标准跨初步设计节段数为31，现设计为23，因而可以大大地加快施工速度，缩短工期。

（4）节能环保，造型美观。作为钢混组合结构，波形钢板的应用可节省桥梁混凝土用量、增大钢结构应用，这符合节能环保原则，而且波形钢腹板形态生动、颜色鲜艳，可使桥梁获得较强的美感，亦可很好地与周围环境相协调，是高速公路、山区、风景区较好的桥型选择。

3.3　波形钢腹板 PC 组合桥梁力学特性与设计计算要点

（1）抗剪连接件力学性能研究。

针对具有自主知识产权的新型抗剪连接件的不同参数变化制作不同形式的抗剪连接件，通过分级加载方式开展模型试验，测试荷载、滑移量及测点应变之间关系，研究钢板开孔变化、钢板厚度、钢板弯折角、钢板间距、混凝土浇筑状态与贯通钢筋等参数变化对抗剪连接件承载能力的影响，分析连接件的传力机理，并提出抗剪连接件的承载能力简化计算方法[8-10]。

根据模型试验中抗剪连接件的试验研究（图 3.12），分析的连接件的荷载-滑移曲线（图 3.13），以及混凝土强度、钢板开孔、波折角度、贯通钢筋等因素对该连接件极限承载力的影响，并提出的开孔波折板连接件屈服承载力、极限承载力、荷载-滑移分阶段计算公式，为抗剪连接件的合理设计提供试验依据和理论指导。

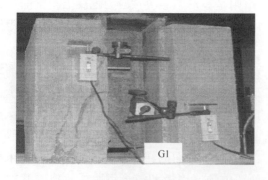

图 3.12　G1 试件裂缝分布和破坏形态

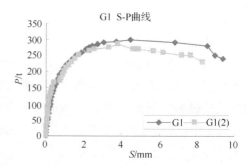

图 3.13　G1 试件荷载-滑移曲线

（2）墩顶附近波形钢腹板屈曲性能和内衬混凝土力学性能研究。

　　总结和归纳国内外波形钢腹板混凝土组合梁桥墩顶附近梁段过渡区内衬混凝土的构造形式，通过理论和有限元方法对墩顶附近钢混凝土组合腹板梁段进行力学性能分析，为同类桥梁内衬混凝土的构造设计提供参考。

　　(3)波形钢腹板混凝土组合箱梁横向设计理论研究。

　　波形钢腹板混凝土组合箱梁横向力学性能研究采用框架分析法，在箱梁长度方向上截取单位长度的薄片框架，使之可以利用一般的结构力学方法进行分析，为计算简便引入交点支承，再撤销其支承的影响，求得截面的横向弯矩[11]。

　　波形钢腹板混凝土组合箱梁横向分析和计算方法，可以对悬臂施工过程中波形钢腹板混凝土组合箱梁的横向力进行分析和安全性验证，同时为设计提供理论依据。

3.3.1　箱梁的竖向弯曲

　　波形钢腹板竖向弯曲符合如下假定。

　　(1)波形钢腹板在纵向由于折皱效应宛如手风琴一样可以自由伸缩，忽略波形钢腹板的纵向抗弯作用，其纵向抗拉压刚度很小，一般用弹性模量来表示其刚度的降低，故设计时可认为波形钢腹板不承受轴向力，同时认为波形钢腹板不抵抗轴向力与正弯矩，其断面抗拉压面积、抗弯惯矩计算可仅考虑混凝土顶、底板。图 3.14 示出了鄄城黄河桥典型设计横断面及相应的抗轴向力、正弯矩折算断面；竖弯时断面正应力与剪应力的分布。

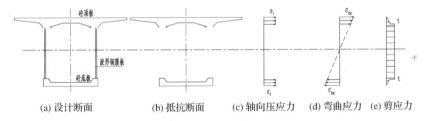

| (a) 设计断面 | (b) 抵抗断面 | (c) 轴向压应力 | (d) 弯曲应力 | (e) 剪应力 |

图 3.14　横断面及断面应力分布

　　(2)弯矩仅由顶底板构成的断面抵抗,而剪力则完全由钢腹板承担且剪应力在腹板上作均匀分布。

　　(3)在计算竖向弯曲时普遍采用了平截面假定,理论和实践证明在忽略波形钢腹板与混凝土之间的滑移与波形钢腹板竖向压缩变形的前提下，对波形钢腹板预应力混凝土箱梁的竖向弯曲平截面假定依然成立,且剪应力沿高度均匀分布。

　　以上三项假定纵向弯曲计算可运用常规的方法与程序进行。

　　因波形钢腹板的手风琴效应(亦称褶皱效应)，波形钢腹板不承受纵向拉、压力,于纵向弯曲计算中可不计入腹板的影响,导致波形钢腹板 PC 箱梁桥刚度较一般 PC 箱梁要小，表 3.3 为波形钢腹板桥梁和一般混凝土腹板桥梁的截面刚度的比较例子,从例中可以看出与一般的 PC 箱梁桥梁(混凝土腹板)相比，波形钢腹板 PC 箱梁桥抗弯刚度约为90%、扭转刚度约为 40%、剪切刚度约为 10%。一般的 PC 箱梁桥与波形钢腹板 PC 箱梁桥截面设计参数对比见图 3.15，受力性能比较如表 3.3 所示。

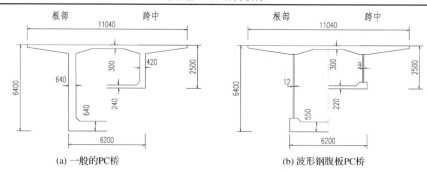

图 3.15　一般 PC 箱梁桥与波形钢腹板 PC 箱梁桥截面设计参数对比

表 3.3　一般 PC 箱梁与波形钢腹板 PC 箱梁的受力性能比较

	受力性能	单位	①PC 箱梁	②波形钢腹板 PC 箱梁	②/①
跨中	断面积 A	m²	7.12	5.80	0.81
	断面惯性矩 I	m⁴	6.19	5.61	0.91
	扭转惯矩 J_t	m⁴	12.31	5.16	0.42
	腹板断面面积 A_w	m²	2.10	0.027	—
	弯曲刚度 $E_c \cdot I$	kN·m²	1.92×10^8	1.74×10^8	0.91
	扭转刚度 $G_c \cdot J_t$	kN·m²	1.60×10^8	6.71×10^7	0.42
	剪切刚度 $G_c \cdot A_w$	kN	2.73×10^7	2.08×10^6	0.08
根部	断面积 A	m²	14.94	7.85	0.53
	断面惯性矩 I	m⁴	86.60	68.24	0.79
	扭转惯矩 J_t	m⁴	95.04	27.37	0.29
	腹板断面面积 A_w	m²	8.19	0.122	—
	弯曲刚度 $E_c \cdot I$	kN·m²	1.92×10^9	2.12×10^9	1.10
	扭转刚度 $G_c \cdot J_t$	kN·m²	1.60×10^9	3.56×10^8	0.22
	剪切刚度 $G_c \cdot A_w$	kN	2.73×10^8	9.39×10^6	0.034

注：1. 混凝土抗压强度：f'_{ck} =40MPa；2. 混凝土弹性模量：E_c=3.1×10⁴MPa；3. 混凝土抗剪弹性模量：G_c=1.3×10⁴MPa；
4. 钢板弹性模量：E_s=2.0×10⁵MPa；5. 钢板抗剪弹性模量：G_s=7.7×10⁴MPa

　　波形钢腹板不承受轴向力，因而纵向预应力索可集中加载于混凝土顶、底板，从而有效地提高了预应力效率，波形钢腹板主要承受剪切力，因腹板剪切应力较大，且箱梁剪切刚度较小，设计中应注意剪切变形对纵向弯曲挠度的影响。

　　波形钢腹板 PC 箱梁桥的抗扭刚度、横向刚度均较一般的 PC 箱梁桥小，设计中宜注意按适当间距设计横隔以增大其抗扭能力。波形钢腹板与混凝土顶、底板的连接是保证箱梁整体性的关键构造，应注意保证其纵向抗剪、横向抗弯性能。桥梁的振动特性总体上反映了其刚度、质量分布的合理性，上述波形钢腹板 PC 箱梁桥相对于 PC 箱梁桥质量、刚度的综合变化效果，可反映于其振动特性变化上，表 3.4 给出了几座波形钢腹板 PC 箱梁桥的振动特性，波形钢腹板 PC 箱梁桥振动特性介于 PC 箱梁桥与钢桥之间，近似于PC 箱梁桥，故其设计冲击系数可采用 PC 箱梁桥的冲击系数。

表 3.4　波形钢腹板桥的自振频率与衰减系数

桥　名		新开桥	银山御幸桥	本谷桥	腾手川桥	小河内川桥
构造形式		简支桥	连续梁	连续刚构	连续刚构	T 梁连续刚构
自振频率/Hz	一阶	3.950	2.778	1.648	1.840	1.756
	二阶	5.400	3.167	1.831	2.695	2.491
	三阶	—	3.710	3.235	3.220	5.020
衰减系数	一阶	0.0270	0.0070	0.0320	0.0118	0.0073
	二阶	0.0340	0.0084	0.0210	0.0092	0.0065
	三阶		0.0095	—	0.0094	0.0056

3.3.2　波形钢腹板的剪切屈曲

如上所述,在竖向弯曲时波形钢腹板上的剪应力分布和传统的混凝土腹板有所不同,沿梁高基本呈等值分布。由于轴向压应力较小,钢腹板可以视为纯剪应力状态,且剪应力较大,因此设计时需要验算钢腹板的剪应力,还需要计算钢腹板的剪切屈曲。一般说来,极限荷载作用时,剪应力即使在允许应力以内时,设计亦并非可用,由于波形钢腹板的形状不同,即使剪应力在允许范围内,板的剪切屈曲也可能发生,所以对剪切屈曲的安全性验算必须进行。对波形钢腹板剪切屈曲安全性计算,可以用有限变形理论的有限元方法作安全性验算,但实际上,用压杆的稳定性理论的有限元法对波形钢腹板的屈曲安全性进行计算也可以得到足够安全性的保证。以压杆理论为基础的波形钢腹板屈曲计算如图 3.16 所示。为经济合理计,设计宜控制屈曲发生在屈服区、非弹性区为原则,此时屈曲应力一般均大于或近于屈服应力,即使剪应力低于屈服应力,波形钢腹板不发生

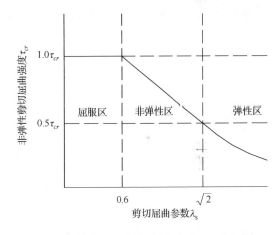

图 3.16　考虑了非弹性的剪切屈曲强度线

屈曲,以使材料得以合理应用。总之,屈曲进入非弹性领域($\lambda_s < \sqrt{2}$)是容许的,但设计追求的目标却是 $\lambda_s \leqslant 0.6$(λ_s 为剪切屈曲系数, $\lambda_s = \sqrt{\tau_y / \tau_{cr,L}^e}$ 或 $\lambda_s = \sqrt{\tau_y / \tau_{cr,G}^e}$)。

（屈服区）　　$\tau_{cr,L} = \tau_y$　　　　　　　　　　　　$\lambda_s \leqslant 0.6$

（非弹性区）　$\tau_{cr,L} = \{1 - 0.614 \times (\lambda_s - 0.6)\} - \tau_y$　　　$0.6 < \lambda_s < \sqrt{2}$

（弹性区）　　$\tau_{cr,L} = (\tau_y / \tau_{cr,L})^{1/2}$ 或 $\tau_{cr,L} = (t_y / t_{cr,G})^{1/2}$　$\lambda_s > \sqrt{2}$

波形钢腹板的剪切屈曲分三种：局部屈曲、整体屈曲和合成屈曲(图 3.17)。

1. 局部屈曲的验算

应以在极限荷载作用时在剪切屈服应力以下不会发生波形钢腹板的局部剪切屈曲为控制条件进行验算。

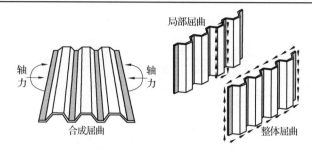

图 3.17 波形钢腹板屈曲破坏模式

当 $\lambda_s \leqslant 0.6$ 时可得式(3-1)，表示保证局部屈曲在剪切屈服应力以下不会发生的条件式。

$$\tau_{cr,L}^e \geqslant \tau_y / 0.6 \tag{3-1}$$

式中，$\tau_{cr,L}^e$ 为弹性局部屈曲临界应力，$\tau_{cr,L}^e = (k\pi^2 E)/[12(1-\mu^2)\gamma^2]$；$k$ 为剪切屈曲系数，$k=4.00+5.34/\alpha^2$；α 为纵横比 $\alpha = a/h$，但 $a \leqslant h$；a 为波形钢板的板幅；E 为波形钢板材料的杨氏模量，E 取 2.0×10^5MPa；h 为波形钢腹板高；μ 为波形钢板材料的泊松比 0.30；γ 为宽厚比 $\gamma = t/a$；t 为波形钢腹板厚；τ_y 为剪切屈服点单位应力。

由 $\tau_{cr,L}^e$ 计算知局部屈曲控制参数为板幅 a、板厚 t、板高 h，当 t、h 设定后，$\tau_{cr,L}^e$ 取决于 a，从这个意义上讲局部屈曲控制着板幅 a 的选择。

2. 整体屈曲的验算

应以在极限荷载作用时在剪切屈服应力以下不会发生波形钢腹板的整体剪切屈曲的为控制条件进行验算。

当 $\lambda_s < 0.6$ 时可得式(3-2)，表示保证整体屈曲在剪切屈服点单位应力以下不会发生的条件式。

$$\tau_{cr,G}^e \geqslant t_y / 0.36 \tag{3-2}$$

式中，$\tau_{cr,G}^e$ 为弹性整体屈曲临界应力，$\tau_{cr,G}^e = 36\beta[(EI_y)^{1/4}(EI_x)^{3/4}]h^2 t$；$\beta$ 为两端支承固结度系数(两端简支时：$\beta = 1.0$)；E 为波形钢腹板弹性模量，E 取 2.0×10^5MPa；I_x 为波形钢腹板 PC 箱梁桥轴方向相对重心的惯性矩；$I_x = t^3(\delta^2+1)/(6\eta)$；$\delta$ 为波高板厚比($\delta = d/t$)；η 为长度减少系数(波形钢腹板沿桥轴方向长度与相应展开长度之比)，如 1600/1712.4=0.934；I_y 为波形钢腹板相对高度方向惯性矩，$I_y = t^3/\{12(1-\mu^2)\}$；$\mu$ 为波形钢腹板材料的波松比 $\mu = 0.30$；h 为波形钢腹板高；t 为波形钢腹板厚。

由 $\tau_{cr,G}^e$ 计算知整体屈曲控制参数为波高 d、板厚 t、板高 h，当 t、h 设定后，$\tau_{cr,G}^e$ 取决于 d，从这个意义上讲整体屈曲控制着波高 d 的选择。

在这里，波形钢腹板的固定度系数 β 规定为 1.0，即设定波形板简支于桥面板，由于考虑到在极限荷载作用时会在混凝土桥面板上发生弯曲裂缝，混凝土桥面板与波形钢板的连接部的刚度会低下，因此采用 $\beta = 1.0$ 更接近于实际。

3. 组合屈曲的验算

组合屈曲临界应力,如式(3-3)所示,能够用局部屈曲临界应力与整体屈曲临界应力的乘幂和相关式来表示。

$$\tau_{cr} = \tau_{cr,L} \{1 / [1 + (\tau_{cr,L} / \tau_{cr,G})^4]\}^{1/4} \tag{3-3}$$

式中,τ_{cr} 为复合屈曲临界应力;$\tau_{cr,L}$ 为局部屈曲临界应力(满足屈服域条件时,即钢板的剪切屈服应力);$\tau_{cr,G}$ 为整体屈曲临界应力(满足屈服域条件时,即钢板的剪切屈服应力)。

当 $\lambda_s \leqslant 0.6$ 时,可取 $\tau_{cr,L} = \tau_{cr,G} = \tau_y$,$\tau_{cr} = 0.84\tau_y$,即当满足屈服应力以下不发生局部屈曲、整体屈曲条件时,控制在屈服应力以下不发生组合屈曲的条件为 $\tau \leqslant 0.84\tau_y$,从这个意义理解波形钢腹板的组合屈曲强度是对极限荷载作用时的剪应力做验算,其值控制在 $0.84\tau_y$ 以下。

3.3.3　波形钢腹板与混凝土顶底板的连接

波形钢腹板箱梁桥的受力性能取决于钢腹板与砼顶、底板连接界面处剪应力的有效传递,因此剪力连接键是能否为结构提供足够完整的组合作用的一个决定因素。

波形钢腹板 PC 组合箱梁常见的连接形式有如图 3.18(a)所示的栓钉连接键,即在波形钢腹板的上下端部焊接钢制翼缘板,翼缘板上焊接剪力钉,使之与砼板结合在一起,此剪力键仅由栓钉抗剪。图 3.18(b)埋入式连接键也是一种新型的剪力连接键,它采用在钢腹板上穿孔,穿过贯穿钢筋,再在钢板的上下端部焊接纵向约束钢筋后埋入砼板的方法。除了贯穿钢筋和砼抗剪销抗剪,埋入砼顶、底板部分的钢腹板折叠部分也参与抗剪。图 3.18(c)S-PBL 与栓钉组合连接键是近年来由德国开发的新型剪力连接键,箱梁结合部的纵向水平剪力主要由穿孔板上的砼抗剪销和贯穿钢筋与栓钉来承担,该连接键在施工

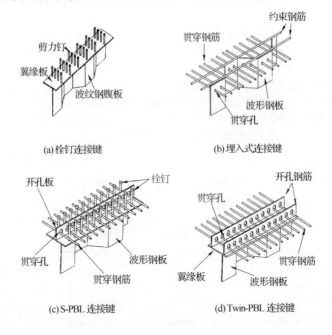

(a) 栓钉连接键　　　　　　　　　　(b) 埋入式连接键

(c) S-PBL 连接键　　　　　　　　　(d) Twin-PBL 连接键

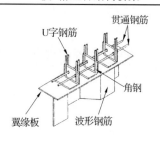

贯通钢筋
U字钢筋
角钢
翼缘板　波形钢筋

(e) 角钢剪力连接键

图 3.18　几种连接键形式

时水平钢板可以作为模板，比较方便。图 3.18(d) Twin-PBL 连接键是在单个 PBL 连接件的基础上发展起来的，较之单个 PBL 连接键，其整体刚度和抗剪强度都得到了进一步的加强。图 3.18(e) 角钢剪力连接键为日本道路公团早期推荐的连接方式。

这五种连接构造特点如表 3.5 所示。

表 3.5　连接构造的特征

连接种类	结构特点
埋入式连接	波形钢板直接埋入混凝土顶、底板； 桥轴方向的水平剪力由波形钢板斜幅间混凝土块(亦称抗剪齿键)与焊接于钢板顶端的约束钢筋(亦称连接钢筋)及与桥轴成直角方向的贯穿钢筋和混凝土销承担； 与桥轴成直角方向的弯矩由埋入波形钢腹板和与桥轴成直角方向的贯穿钢筋与混凝土销承担； 由于系在混凝土中直接埋入钢板，故从耐久性观点考虑，在其界面上要注意实行密封
角钢剪力连接	在波形钢板上下端焊接翼缘板，再在翼缘板上焊接角钢和 U 形钢筋； 桥轴方向剪力由角钢、U 形钢筋承担； 与桥轴成直角的弯矩由角钢、U 形钢筋和穿过角钢的桥轴方向的贯通钢筋承担
Twin-PBL 连接	在波形钢板的顶端焊接翼缘板，再在其上焊接两块带孔钢板； 桥轴方向水平剪力由填充在孔内的混凝土销及穿过孔的贯穿钢筋承担； 与桥轴成直角方向的弯矩由填充孔的混凝土销与穿孔的贯穿钢筋抵抗
S-PBL 连接	波形钢板的顶端焊接翼缘板，再在其上焊接一块带孔钢板并焊植栓钉； 桥轴方向水平剪力由填充孔的混凝土销及穿过孔的贯穿钢筋以及栓钉承担； 与桥轴成直角方向的弯矩主要由栓钉承担； 开孔板属开敞构造，多采用与底板的连接
栓钉连接	在波形钢板上下端焊接翼缘板，再在其上植焊栓钉； 桥轴方向水平剪力由栓钉剪切力承担； 与桥轴成直角方向的角隅弯矩由栓钉抗拉力承担

考虑这些连接部的桥轴方向的剪切状况和桥轴直角方向的弯曲状况下的力学特性或施工性，其与箱梁顶、底板的连接构造可如表 3.6 所示分类组合。波形钢腹板顶、底板的连接构造的组合与各自的经济性，如表 3.7 所示。

表 3.6　顶、底板的连接构造的组合

基本连接构造分类	与顶板连接	与底板连接
埋入式连接	埋入式连接	埋入式连接
角钢剪力键连接(1)	角钢剪力键连接	角钢剪力键连接
角钢剪力键连接(2)	角钢剪力键连接	埋入式连接

续表

基本连接构造分类	与顶板连接	与底板连接
PBL 键连接(1)	Twin-PBL 连接	S-PBL 连接+栓钉连接
PBL 键连接(2)	Twin-PBL 连接	埋入式连接

注：表中(1)、(2)为日本高速公路设计要领建议的工程招标用连接方式，(1)用于跨度较大桥梁连接，(2)用于盐腐蚀环境不强、跨径较小的桥梁连接

表 3.7　顶、底板的连接构造的组合与经济性

与顶板连接(带翼缘板)	与底板连接	经济性
角钢剪力键连接	埋入式连接	4
	角钢剪力键连接	6
	S-PBL 连接+栓钉连接	5
Twin-PBL 连接	埋入式连接	1
	角钢剪力键连接	3
	S-PBL 连接+栓钉连接	2

注：关于经济性，以 1 经济性最突出，从 1 开始顺次递减

　　参考国外的已建工程，通过模型试验，并虑到经济性和施工方便，鄄城桥采用了埋入式剪力键的连接方式。埋入式剪力连接键是一种新型的最适用于波形钢腹板组合箱梁的剪力键。它由贯穿钢筋、混凝土抗剪销以及埋入部分的钢腹板共同承担水平剪力。偏安全考虑，在计算中不计入实际上参与抗剪的混凝土销的抗剪作用，只将其视为一种安全储备。埋入混凝土板内的波形钢腹板抗剪齿键和约束钢筋(图 3.19)在设计荷载时的容许剪力：

$$Q_1 = \sigma_1 \cdot A_1 + \mu \sigma_{sa} \cdot A_2$$

式中，Q_1 为抗剪结合键的容许剪力；σ_1 为混凝土的容许承压应力；A_1 为混凝土齿锭的抗剪正面积，A_1=埋入长度×波纹高度；μ 为和贯穿钢筋角度有关的系数；σ_{sa} 为钢筋的容许拉应力；A_2 为和混凝土齿键共同作用的约束钢筋截面积。

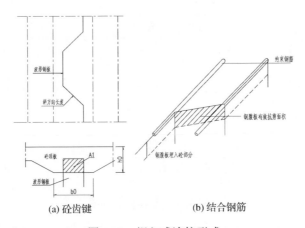

(a) 砼齿键　　　　　　　　(b) 结合钢筋

图 3.19　埋入式连接形式

3.3.4　波形钢腹预应力砼箱形梁的设计计算

前述波形钢腹板预应力砼箱形梁的设计计算与一般预应力砼梁桥设计计算一样，主要为波形钢腹板预应力砼箱形梁桥的竖向弯曲计算。其计算方法与其受力特点一致。波形钢腹板取代砼箱梁的砼腹板，给箱梁带来的最大影响是横向扭转刚度降低。为提高其抗扭能力，波形钢腹板预应力混凝土箱梁中应按适当距离设置横隔板，这些都应在设计计算中反映。图 3.20 为鄄城黄河桥主桥上部结构设计计算框图。

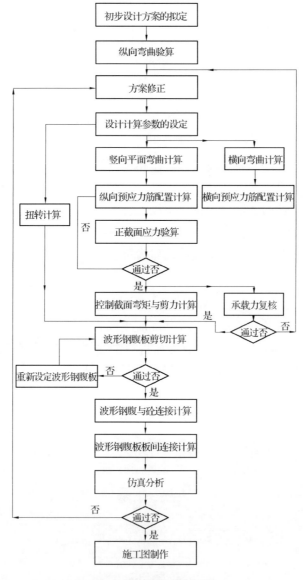

图 3.20　整体计算框图

波形钢腹板的剪切验算为波形钢腹板箱梁桥设计计算重要课题，鄄城桥关于这部分的设计计算框如图 3.21 所示。主要计算结果如下。

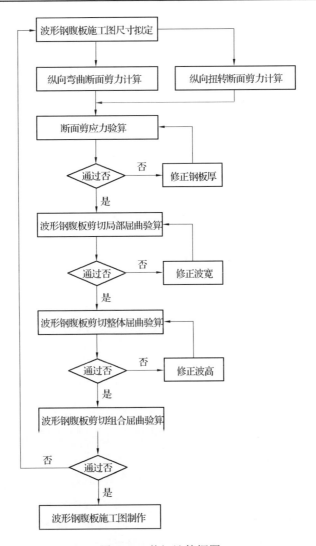

图 3.21　剪切计算框图

(1)波形钢腹板箱梁横向框架计算。根据横向框架分析、横向计算结果，顶、底板抗弯、抗剪极限承载均满足规范要求；持久极限状况中长期荷载效应组合各个截面均为压应力，满足规范要求；短期荷载效应组合在顶板跨中产生的最大拉应力-1.01MPa<-1.85MPa，满足规范要求；计算受拉区预应力钢筋最大应力为 1198MPa<$0.65f_{pk}$=1209MPa，满足规范要求。

(2)波形钢腹板箱梁纵向计算。施工阶段压应力均小于 $0.7f_{ck}$=22.7MPa，满足规范要求；波形钢腹板箱梁计算极限弯矩均小于截面抗力，满足规范要求；箱梁持久状况正常使用极限状态，除边跨上缘个别断面产生了 0.765MPa 的拉应力，未满足短期荷载效应全预应力规范要求，其余部分均为压应力，满足要求；箱梁持久状况和短暂状况最大正截面压应力为 16.1MPa<规范要求的 $0.5f_{ck}$=16.2MPa，满足规范要求；计算受拉区预应力钢筋最大应力为 1200MPa<$0.65f_{pk}$=1209MPa，满足规范要求。

(3) 波形钢腹板的剪切、稳定计算。采用日本道路示方书所示钢腹板计算公式计算。各截面钢腹板设计平均剪应力均小于 120MPa 的设计剪应力允许值，满足设计要求；各截面钢腹板极限平均剪应力均小于 199MPa 的极限剪应力允许值，满足设计要求；通过计算整体屈曲、局部屈曲的剪切屈曲参数 $\lambda_s < 0.6$ 均位于屈服区内，符合设计追求目标；钢腹板极限平均剪应力最大值为 149.3MPa 小于组合屈曲强度 $\tau_{cr} = 167.3$MPa，满足设计要求。

(4) 波形钢腹板与混凝土连接部分计算。采用日本道路示方书所示混凝土与钢腹板连接计算公式计算，钢腹板斜幅间混凝土键验算、混凝土剪力销验算、孔与孔间钢板剪切破坏验算、混凝土剪力销的剪应力引起的抗力验算、波形钢板埋入段承压应力引起的抗力验算、因波形钢腹板板幅受压而引起的抗力验算均满足材料允许值。

(5) 波形钢腹板纵向弯曲挠度计算。根据解析计算，在短期荷载效应组合下结构跨中产生最大位移为 63mm，按规范考虑挠度长期增长系数 1.425 后为 90mm<120m/600=0.2m=200mm，满足规范要求。

3.4　波形钢板的制作与波形钢腹板 PC 桥梁的施工

3.4.1　波形钢板的制作

波形钢腹板桥梁用的结构钢主要有桥梁用结构钢(GB/T 714—2008)、碳素结构钢(GB/T 700—2006)、低合金高强度结构钢(GB/T 1591—2008)、耐候结构钢(GB/T 4 171—2008)，以及焊接结构用耐候钢(GB/T 4172—2000)。其中，碳素结构钢质量等级有 A、B、C 和 D 四种，桥梁上只用 C 级和 D 级。低合金高强度结构钢有 A、B、C、D 和 E 五种，桥梁钢只用 C、D、E 三种，在选用时，应综合考虑结构的重要性、荷载特征、结构形式、应力状态、连接方法、钢材厚度和工作环境等。桥梁用结构钢多用于铁路桥梁的主要受力构件，同等级的低合金高强度结构钢与桥梁用结构钢的性能指标差别不大，但价格具有一定的优势，因此在公路桥梁中应用较多。一般情况下，波形钢腹板桥梁的主要受力构件——钢腹板，应优先选用 Q345 钢。当受力较小时，构件由最小尺寸或稳定控制设计，或者对整体受力影响不大的次要部位的构件，可选用 Q235 钢。耐候钢并不是不发生锈蚀，而是在使用的初期阶段与普通钢一样生锈，只是两者在其后的锈蚀速度不同而已。普通钢随着锈蚀的进展，锈层膨胀变厚，Fe_3O_4 形成并开始产生裂缝；随后锈层发生剥离，从而进一步加剧锈蚀向内部进展。而耐候钢在干燥与潮湿的环境交替变化中，钢材表面上形成由 Cu、Cr、P 等元素浓缩后的致密且连续的安定锈层，防止其下钢板的继续锈蚀。耐候钢在发达国家应用比较广泛，加拿大在新建的钢桥中有 90%是用耐候钢。美国与日本的耐候钢桥分别占全部钢桥的 45%、10%，桥梁数分别为 4500 座、1500 座，德国与英国分别是从 1969 年、1970 年开始建造耐候钢桥，韩国从 1991 年开始生产与出售耐候钢，于 1992 年将其应用到桥梁上，目前已超过 15 座，我国则应用较少。耐候钢为我国钢桥技术发展方向。

一般以波形钢板波幅方向作加工钢板宽度方向，采购时据此确定钢板规格，波形钢板制造所使用材料必须有材质证明并应对其进行复验。

钢板压波成型一般有两种方法：冲压法和模压法(图 3.22)。

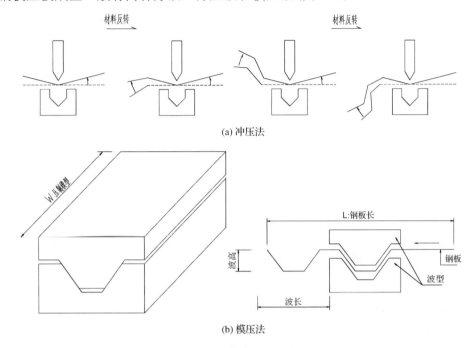

图 3.22　钢板压波成型方法

冲压法的特点：压制设备费用较省；由于板材需多次反折移动，厚、重的大板制作较困难；因要进行材料的多次反折，压波作业效率低，误差较难控制。

模压法的特点：可以用较短时间压制一个波长；因为可以连续压制，故可能尽钢板长度制作(受运输长度限制)；压模的制作费用较高。

两种压波方法都可采用，唯精度控制以模压法为佳，若大量生产亦宜用模压法，为降低生产成本可对波形作定型设计。

板材弯折的冷加工会降低钢韧性，为此压波时弯折处内侧半径要以大于板厚的 15 倍为宜。但若能满足表 3.8 所示的夏比冲击试验的要求，且化学成分中的氮不超过 0.006%，内侧半径亦可做成板厚的 7 倍或 5 倍以上。若是在与轧制成直角方向处进行冷弯加工，则应当采用压延直角方向的夏比冲击试验吸收能量的值，如表 3.8 所示。

表 3.8　冷弯加工半径与冲击韧性的吸收能量值

冲击韧性——吸收能量/J	冷弯加工内侧半径
150 以上	板厚的 7 倍以上
200 以上	板厚的 5 倍以上

关于波形钢腹板的涂装，原则上应当遵守《公路桥涵施工技术规范》(JTG/T F50—2011)和《公路桥梁钢结构防腐涂装技术条件》(JT/T 722—2008)有关规定。

公路钢桥采用的防锈处理方法如表 3.9 所示。即波形钢板的防锈可按公路钢桥的准则处理，可选取下列标准的防锈方法。

表 3.9　公路钢桥的防锈办法

防锈方法	涂装		喷射	电镀	耐候性钢材
	一般涂装	重防腐涂装			
防锈原理	涂装被膜将钢材表面与环境隔开	涂装被膜将钢材表面与环境隔开形成富锌防锈	用铝、锌层防锈	用锌层防锈	用稳定的锈蚀层防锈
防锈材料处理方法	用涂料作表面涂刷	用涂料作表面涂刷	喷涂铝或锌	压溶融锌的电镀处理槽中浸泡	在炼钢时调整材料
构造方面的限制	无特别限制	无特别限制	无特别限制	受电镀槽尺寸限制	必要时与结构要求相结合考虑
施工表面处理施工内容	表面除锈涂装作业防护，支架	喷砂处理涂装作业防护，支架	喷砂处理喷射作业	酸洗电镀作业	
维持管理	更新涂装	更新涂装	铝、锌层检测	铝、锌层检测	稳定锈层检测
颜色外观	可自由选择颜色	可自由选择颜色	色泽一定	色泽一定	色泽一定

3.4.2　波形钢腹板 PC 桥梁的悬臂施工

波形钢腹板 PC 箱梁桥视桥型不同可采用类似 PC 桥的各种施工方法施工，如支架现浇施工、移动模架逐孔现浇、预制安装、悬臂浇注、悬拼安装、顶推施工等。唯应注意三个问题：波形钢腹板安装与连接；体外索施工；波形钢腹板可在安装中作临时承重结构。

对跨度较大的波形钢腹板 PC 箱梁桥或桥下立支架有困难的场所，通常采用悬臂施工法施工。悬臂施工法有关说明如下。

（1）按 PC 变截面连续梁（刚构桥）施工经验，采用悬臂法施工的常规跨度为 80～250m，PC 箱梁桥悬臂施工法最大跨度达 270m（中国广东虎门桥），而波形钢腹板 PC 箱梁桥悬臂施工最大跨度为 150.2m（日本朝比奈川桥）。

（2）悬臂施工法可分为节段悬臂浇注与预制节段悬臂拼装两种，一般多用节段悬臂浇筑法。

（3）悬臂浇注施工要点。

① 波形钢腹板 PC 箱梁桥的悬臂浇注施工类同 PC 箱梁桥悬臂浇注施工，同样应满足《公路桥涵施工技术规范》（JTG/TF50—2011）要求。

② 波形钢腹板 PC 箱梁桥节段悬臂浇注施工步骤为：前移挂篮（图 3.23）——安装底板钢筋——安装、焊接波形钢腹板——浇注底板混凝土——安装顶板钢筋——浇注顶板混凝土——养生——预应力张拉——前移挂篮，进行下一循环。若利用波形钢腹板作挂篮承重结构，则节段施工步骤可略作调整，流水作业面可在三个相邻节段展开，如图 3.24所示。

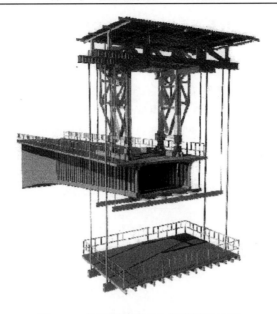

图 3.23　波形钢腹板 PC 箱梁施工挂篮

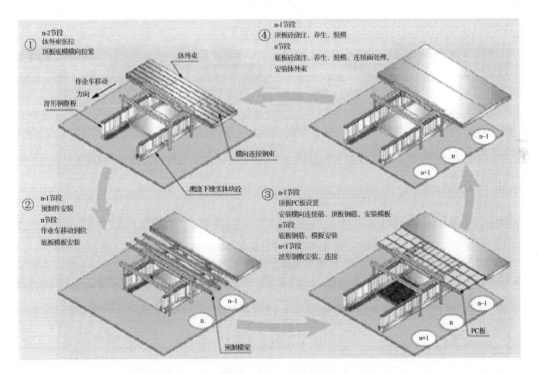

图 3.24　悬臂施工法—Rap.con/RW 工法

③ 波形钢腹板箱梁桥悬臂浇注用挂篮类同 PC 箱梁桥,一般多用菱形挂篮,但预留了波形钢腹板的吊装设备与空间(图 3.23)。借波形钢腹板上翼缘板与下缘混凝土突缘之助,波形钢腹板亦可作为节段悬浇的工作平车承重结构。

④ 悬臂浇注用挂篮一般由承重系统、锚固系统、行车系统、平台系统、波形钢腹板

安装系统、模板系统和调节装置等组成,其设计要求类同 PC 箱梁桥的节段悬浇挂篮,唯应注意波形钢腹板吊装定位系统的设计、钢-混凝土连接处混凝土施工以及混凝土横隔施工等不同之处。

(4)悬臂施工期波形钢腹板组合箱梁的空间力学性能。

在箱梁理论的基础上,根据波形钢腹板混凝土组合箱梁的力学特性,把波形钢腹板作为正交异性板,采用乌氏第二理论,推导出波形钢腹板混凝土组合箱梁的扭转微分方程,采用初参数法通过差分原理分析波形钢腹板变截面箱梁悬臂施工期的约束扭转正应力(图 3.25)和约束扭转剪应力(图 3.26)。

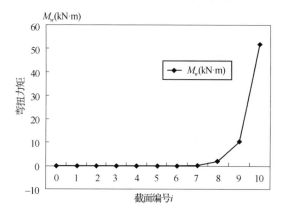

图 3.25　弯扭力矩变化图

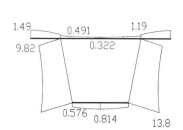

图 3.26　截面翘曲剪应力(MPa)

根据波形钢腹板混凝土组合箱梁的力学特性,结合板壳理论,利用波形钢腹板混凝土组合箱梁能量守恒原理,推导出波形钢腹板混凝土组合箱梁的畸变控制微分方程。采用弹性地基梁理论求解波形钢腹板混凝土组合箱梁的畸变角和畸变双力矩,最终得到纵向畸变正应力[12]。

根据本研究提出的悬臂施工中的波形钢腹板混凝土组合梁桥的扭转与畸变空间力学性能的计算方法,结合有限元分析方法可以对悬臂施工过程中的波形钢腹板混凝土组合箱梁桥的扭转性能进行分析评估和安全性验证。

(5)剪切刚度对波形钢腹板混凝土组合箱梁挠度的影响。

基于考虑剪切变形的铁摩辛柯梁理论,研究剪切刚度对波形钢腹板组合箱梁挠度变形的影响,推出悬臂波形钢腹板组合箱梁的挠度曲线计算方程,同时用空间有限元分析软件验证剪切刚度对波形钢腹板组合箱梁挠度变形的影响,最大悬臂挂篮荷载产生的挠度对比如图 3.27 所示。

根据本研究提出的悬臂波形钢腹板混凝土组合箱梁的挠曲线计算方程,结合空间有限元分析软件研究了剪切刚度对波形钢腹板混凝土组合箱梁挠度变形的影响,可以为悬臂施工过程中桥梁线形的精确控制提供保障。

(6)波形钢腹板混凝土组合箱梁桥悬臂施工工艺和质量控制方法。

结合滁河大桥的施工,总结波形钢腹板混凝土组合箱梁桥悬臂施工过程中的线形控制方法,波形钢腹板在悬臂施工过程中的空间姿态精确定位方法、连接技术与精度控制技术，同时归纳国内外波形钢腹板组合梁桥的悬臂施工技术，提出了波形钢腹板混凝土组合箱梁桥悬臂施工工艺和质量控制方法，编写了《波形钢腹板 PC 组合桥梁悬臂施工技术标准》（送审稿），具有工程应用价值。

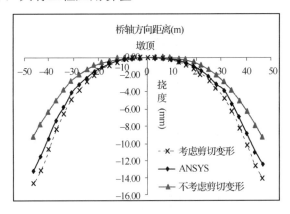

图 3.27　最大悬臂挂篮荷载产生的挠度对比

3.4.3　悬臂施工波形钢腹板 PC 组合桥梁施工控制

波形钢腹板 PC 箱梁桥的悬臂施工，与普通预应力混凝土箱梁的悬臂施工不同之处在于，波形钢腹板 PC 箱梁桥其腹板是由工厂加工、现场定位安装而成的，而预应力混凝土箱梁桥腹板是与顶、底板一起浇筑而成的，波形钢腹板箱梁桥悬臂施工减少了侧模及腹板的钢筋捆扎与预应力管道的安装，则增加了钢腹板的定位与安装工序。能熟练掌握波形钢腹板的安装与定位技术，将大大节省施工工期[13]。

连续梁悬臂浇筑施工的一般施工方法（图 3.28）如下。

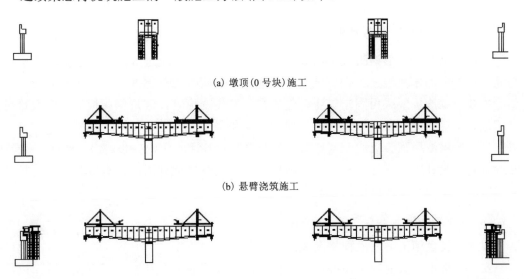

(a) 墩顶(0 号块)施工

(b) 悬臂浇筑施工

(c) 边跨现浇段施工

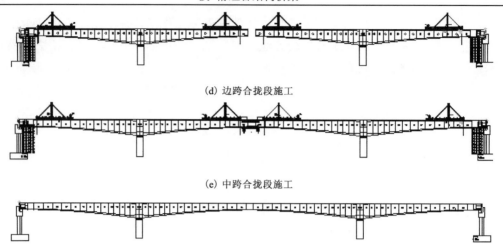

(d) 边跨合拢段施工

(e) 中跨合拢段施工

(f) 形成连续梁(刚构)

图 3.28　连续梁悬臂浇筑施工方法示意图

(1) 墩顶梁段与桥墩实施临时固结形成 T 构施工单元。

(2) 采用挂篮在 T 构两侧按设计梁段长度，对称施工混凝土。

(3) 在梁段混凝土达到设计要求的强度、弹性模量及养护龄期后施加预应力。

(4) 将挂篮前移进行下一梁段施工，直到 T 构两侧全部对称梁段施工完成。

(5) 边跨非对称梁段一般采用支架法现浇施工。

(6) 按实际要求合拢顺序进行合拢梁段现浇施工。

(7) 实现梁体结构体系转换，使全桥连接成为连续结构。

3.4.4　波形钢腹板施工控制

1. 波形钢腹板运输与存储

运输、储存时波形钢腹板可以多层叠放，层数一般不超过 6 层，每层钢板应支撑在与其外形相同的木或混凝土存放垫上，避免波形钢腹板的整体变形。对于刚度较好的带翼缘型波形钢腹板或采用固定支座，能确保不发生变形时，波形钢腹板的叠放数量可适度增加。运输安装中应对涂装层严格保护，避免损伤[14]。

为了确保波形钢腹板的顺利运输，关于构件的形状尺寸(宽×长×高)、重量、路径等，必须事先在设计阶段进行充分研究。特别是，因为在墩顶部附近，有时腹板高会超过路上运输的控制净高，所以必须引起充分注意。

2. 波形钢腹板安装与定位

波形钢腹板施工工艺流程如图 3.29 所示。

安装波形钢腹板前，可在底模上标记出底板钢筋位置及波形钢腹板位置，以保证横隔板位置准确，避免底板钢筋与波形钢腹板的下翼缘连接件互相干扰。多箱室波形钢腹板安装，可按照先边腹板，后中腹板的顺序进行[15]。

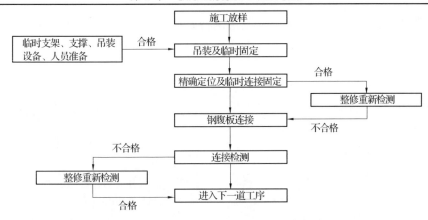

图 3.29　波形钢腹板安装施工工艺流程图

波形钢腹板起吊系统宜采用塔吊起吊前端喂入，转换吊点到手拉葫芦完成安装，如图 3.30 和图 3.31 所示。

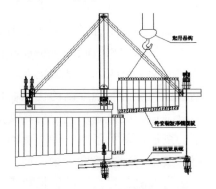

图 3.30　波形钢腹板起吊系统 1

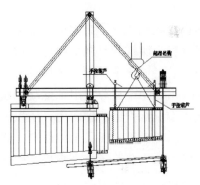

图 3.31　波形钢腹板起吊系统 2

波形钢腹板运输至塔吊吊点正下方，起吊纵向移动至设计位置，转换吊点至手拉葫芦，通过松、紧四角手拉葫芦精确定位安装[16]。

对于波形钢腹板的横向坐标和纵向坐标，采用与放样坐标系相一致的坐标系，根据相对坐标和绝对坐标的关系，求出测量各点的横向坐标值和纵向坐标值。对测点进行空间姿态测量并对波形钢腹板进行精确调整，精度要求见表 3.10。通过收放调整四个手拉葫芦进行钢腹板精确定位。

表 3.10　波形钢腹板安装精度要求

项次	检查项目		允许偏差	测量方法
1	中心线偏差(任意方向)/mm		±3	全站仪
2	夹角/(°)	与水平面	0.05	全站仪或经纬仪
		与竖直面		
3	波纹钢腹板偏位/mm		5	用全站仪
4	波纹钢腹板高程/mm		±5	水准仪或全站仪

采用设置临时吊架和支撑马蹬进行高度定位，在腹板外侧依靠底模水平方向支撑钢

腹板,钢腹板之间相对位置可采用双肢角钢桁架相对定位,以确保在浇筑底、顶板砼时钢腹板不移位。在山东鄄城大桥,南京四桥滁河大桥(图 3.32),河南桃花峪大桥(图 3.33)等应用。

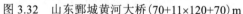

图 3.32　山东鄄城黄河大桥(70+11×120+70)m　　　图 3.33　河南桃花峪黄河大桥

波形钢腹板预应力混凝土箱梁桥用波形钢腹板代替箱梁混凝土腹板,大幅度减轻了箱梁的自重,在改善了结构抗震性能的同时,减少下部结构的工程量,降低了造价。由于设有混凝土腹板,且施工中可利用钢腹板承重,故于施工中相应减少了钢筋和模板的制作与安装,简化了导梁、挂篮设施,缩短了工期,方便了施工。从结构上看,波形钢腹板 PC 组合箱梁充分利用了混凝土抗压,波形钢腹板抗剪屈服强度高的优点。由于波形钢腹板不抵抗作用的轴向力,所以能有效地对混凝土顶、底板施加预应力。波形钢腹板不约束箱梁顶板和底由于徐变和干燥收缩所产生的变形,避免了由于钢腹板的约束作用所造成的箱梁截面预应力损失,较之一般钢混组合梁更适宜大跨度桥梁应用,加之又采用了体内、外预应力综合体系致使波形钢腹板预应力混凝土箱梁桥的结构更趋合理,波形的钢腹板增强了箱梁的立体感,使得外形更加美观。鄄城黄河桥的设计说明了这一新型桥梁的合理性、经济性。据其在日本发展的情况,考虑我国已成为钢铁大国的实际,可以预言其在我国将同样具有十分广阔的应用前景。

3.5　波形钢腹板 PC 组合桥梁施工工艺

1. 悬臂施工桁车设计与施工

1)悬臂桁车设计

水中墩采用悬臂施工异形桁车(加高的三角桁架式悬臂施工桁车)(图 3.34),陆地墩采用菱形桁架式悬臂施工桁车(图 3.35)。悬臂施工桁车由主构架、行走及锚固装置、底篮、上顶板内外模板、前吊装置、后吊装置、前上横梁、钢腹板起吊系统等组成。

2)悬臂桁车加工

悬臂桁车在专业加工厂制作,保证质量。

图 3.34　波形梁悬臂施工(三角桁架式)　　　　图 3.35　波形梁悬臂施工(菱形桁架式)

3)加载试验

为了检验悬臂施工桁车的计算变形值并消除首次安装后的非弹性变形,在工厂加工时需进行悬臂施工桁车的地面加载试验。同时在悬臂施工桁车安装之后,选取一对悬臂施工桁车进行现场压重试验。

在张拉压浆结束、待水泥浆终凝后即可前移。悬臂施工桁车首次前移之前,应将连体悬臂施工桁车解体。

2. 钢筋及预应力管道制作、安装

箱梁底模板和外侧模板就位后进行钢筋及管道的安装。

3. 波形钢腹板运输及安装

(1)陆地墩波形钢腹板运输全悬臂施工桁车吊点正下方,电动葫芦起吊纵向移动至设计位置定位安装。

(2)水中墩波形钢腹板起吊至梁段顶面,利用主动运输平车运至桁车后端,通过增加弧形的滑梁满足波形钢腹板从后端喂入,如图 3.36 和图 3.37 所示。

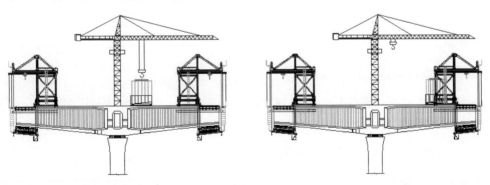

图 3.36　水中墩波形钢腹板安装 1

(3)波形钢腹板精确定位。利用板节段连接预留螺栓孔,在加厚壁钢管内穿螺杆,采用内拉外撑方式在端部定位。

(4)波形钢腹板与顶底板的连接通过穿过波形钢腹板孔洞的贯穿钢筋以及焊接于波形板上、下缘的纵向连接钢筋来实现。

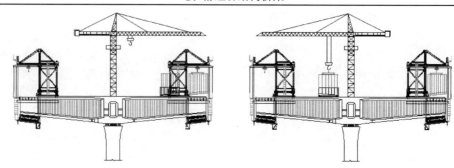

图 3.37　水中墩波形钢腹板安装 2

（5）波形钢腹板间的纵向连接采用了用螺栓先做临时固定后施焊的连接方法。

（6）波形钢腹板与横隔板的连接。波形钢腹板与 0#块及中、端横隔的连接采用穿孔板连接方式，其剪力传递借混凝土销、贯穿钢筋完成。波形钢腹板与跨间横隔板连接采用了双 PBL 键连接方式。

（7）横隔板施工。在悬臂施工桁车移出隔板所在块段后对其立模浇筑。

4. 混凝土施工

（1）底板混凝土浇筑。由前往后对称灌注混凝土至底板倒角，然后再由前往后灌注底板，底板外侧及腹板下部混凝土。底承托处外侧的砼是在翼缘板上预留浇注孔，从腹板外侧布料直接浇注。

（2）顶板混凝土浇筑。顶板的灌注遵循由两侧向中央灌注的顺序。

（3）混凝土振捣。混凝土振捣采用插入式振捣器振捣的形式。

（4）混凝土养生。混凝土灌注完成后，采用土工布覆盖，并撒水养护，待梁部混凝土强度达到设计强度的 80%时，揭开土工布，洒水继续养护，养护天数 14 天以上。

（5）波形钢腹板防腐蚀施工。为防止雨露水等通过钢腹板和顶、底板砼接头处渗入锈蚀钢腹板，底板与钢腹板连接的内外侧，在收面时设置向外的泻水坡；同时在接头处设止水带止水。

5. 预应力施工

箱梁砼施工完毕，养生待强度达到 80%设计强度时，进行普通预应力张拉。张拉采用应力、应变双控。

6. 悬臂施工过程中的标高调节和线性控制

主要是悬臂施工桁车立模标高的调节。施工中的预拱度是通过施工各节段底模立模标高的控制来实现的，施工中的立模标高计算式如下：

箱梁节段底立模标高=箱梁设计标高+设计预拱度（由设计方理论计算提供）

+悬臂施工桁车变形量（分底、顶模变形量）

控制标准是合拢口两端标高偏差不超过 20mm，箱梁成桥设计标高偏差不超过 $L/5000$。

7. 合拢段施工

合拢段采用独立吊架施工，两边挂篮拆除后安装吊架，在最低气温时浇砼，完成合拢。

8. 体外索施工

（1）转向器、锚头区锚具定位安装。

（2）体外索穿索。

在墩端头放置放线架固定索盘，利用 5 吨卷扬机牵引成品索缓慢解盘放索并穿过对应的预留索孔。

（3）体外索张拉。

由于体外索比较长，为防止反复张拉使夹片失效，采用"悬浮"张拉施工方案，在 YCW400B 千斤顶增加一套工具锚及支架，在千斤顶与锚板间设限位板。在每次张拉时后自动工具锚夹片处于放松状态，在完成一个行程回油时自动工具锚夹片锁紧钢绞线，多次倒顶，直到张拉到设计吨位。在张拉到位后，旋紧定位板的螺母，压紧夹片，随后千斤顶回油放张，使工作夹片锚固钢绞线。

3.6　工 程 应 用

波形钢腹板 PC 组合桥梁起源于国外，符合节约型、环保型社会的总体要求，波形钢腹板经济、实用、美观，不但成功应用于国内外的桥梁工程，还将不断开拓成为地铁隧道、下部结构钢桩、城市立交、大跨度建筑等结构主体。未来将发展成为工厂标准化、构件模数化、现场装配化的重要结构[17]。

波形钢腹板桥可以说完全解决了腹板开裂的问题，因为腹板是钢材，抗拉、抗剪强度较高，跨中下挠大大减少，因为体外索可以补张，相当于现在的很多桥的加固，大多是增加体外索。波形钢腹板桥的优点如下：

（1）提高预应力效率，改善结构性能。波形钢腹板的纵向刚度较小，几乎不抵抗轴向力，因而在导入预应力时不受抵抗，纵向预应力束可以集中加载于顶、底板，从而有效地提高预应力效率。

（2）提高材料的使用效率。在波形钢腹板 PC 箱梁桥中，砼用来抗弯，而波形钢腹板用来抗剪，弯矩与剪力分别由顶、底板和波形钢腹板承担，其腹板内的应力分布近似为均布图形，而非传统意义上的三角形，有利于材料发挥作用。

（3）提高断面结构效率。波形钢腹板 PC 箱梁桥中的砼均集中在顶、底板处，回转半径几乎增加到最大值，大大地提高了截面的结构效率。

（4）自重降低，抗震性能好。波形钢腹板预应力混凝土箱形梁桥的腹板采用较轻的波形钢板，其桥梁自重与一般的预应力砼箱梁桥相比大约减轻 20%，致使地震激励作用效果显著降低，抗震性能获得一定的提高。

(5) 可减少现场作业，加快施工进程。波形钢腹板 PC 箱梁桥在施工过程中，可减少大量的模板、支架和砼浇注工程，免除在砼腹板内预埋管道的繁杂工艺，而且波形钢腹板可以工厂化生产，现场拼装施工，从而加快了施工进程。施工时可利用波形钢腹板作临时设施，节省设施费用、加快施工速度：悬臂浇注时钢腹板可用作挂篮的组成部分、顶推施工时可以用腹板作导梁、现浇时可省略腹板模板。

(6) 对悬臂施工的桥梁减少了节段数量，缩短了工期。由于梁体自重的减轻，悬臂施工时，可减少节段数量。如日本本谷桥在采用砼腹板箱梁时需要 38 个节段，而采用波形钢腹板后只需要 31 个节段，节段数减少了 20%。鄄城桥 120m 标准跨原设计节段数为31，现设计为 23，因而可以大大地加快施工速度，缩短工期。

(7) 体外预应力筋可以替换，便于桥梁的维修和补强。波形钢腹板 PC 箱梁桥采用体外预应力承受活载，因而即使在长期运营后，体外预应力索出现磨损或断裂时，也可以在夜间停止车辆通行后对其进行更换，以恢复承载力和进行结构加固。

(8) 避免了腹板开裂问题，耐久性能好。传统的预应力砼箱梁桥受外力荷载以及砼收缩、徐变的影响，常常在腹板出现裂缝，造成了砼截面削弱、钢筋腐蚀乃至于要进行维修补强等一系列问题，成为我国预应力砼箱梁桥的普遍病害，而波形钢腹板 PC 箱梁桥则不会出现上述问题，耐久性能较好。

(9) 造型美观。波形钢腹板形态生动、颜色鲜艳，可使桥梁获得较强的美感，是高速公路、山区、风景区较好的桥型选择。

参 考 文 献

[1] 刘玉擎. 组合结构桥梁. 北京: 人民交通出版社, 2005.

[2] 周一桥, 钱建漳. 折叠形钢腹板预应力混凝土箱梁. 国外桥梁, 2000, (2): 46-51.

[3] 刘海燕. 日本修建的波形钢腹板 PC 箱梁桥一览. 国外桥梁, 2002, (1): 58.

[4] 胡旭辉, 顾安邦, 罗玲. 大堰河桥设计和施工及荷载试验研究. 重庆交通大学学报, 2008, 27(6): 1024-1026, 1045.

[5] 宋建永, 王彤, 张树仁. 波纹钢腹板体外预应力混凝土组合梁桥. 东北公路, 2002, 25(1): 38-40.

[6] 刘岚, 催铁万. 本谷桥的设计与施工—采用悬臂假设施工法的波纹形钢腹板预应力混凝土箱梁桥. 国外桥梁, 1888, (3): 18-25.

[7] 吴文清, 叶见曙, 万水, 等. 波形钢腹板组合箱梁在对称加载作用下剪力滞效应的试验研究. 中国公路学报, 2003, 16(2): 48-51.

[8] 吴文清, 万水, 叶见曙, 等. 波形钢腹板组合箱梁剪力滞效应的空间有限元分析. 土木工程学报, 2004, 37(8): 31-36.

[9] Easley J T, McFarland D E. Buckling of light-gage corrugated metal shear dia-phragms. Journal of the Structural Division, ASCE, 1868, 85(7): 1488-1516.

[10] Easley J T. Buckling formulas for corrugated metal shear diaphrag ms. Journal of the Structural Division, ASCE, 1875, 101(7): 1403-1417.

[11] Elgaaly M, Hamilton R, Seshadri A. Shear strength of beams with corrugated webs. Journal of Structural Engineering, 1886, 122(4): 380-388.

[12] Johnson R P, Cafolla J. Corrugated webs in plate girders for bridges. Proceedings of the ICE-Structures and Buildings, 1887, 123: 157-164.

[13] Eurocode 3: Design of Steel Structures. Part1-5. Plated Structural Elements. European Committee for Standardization, Brussels, 2006.

[14] 刘磊, 钱冬生. 波形钢腹板的受力行为. 铁道学报, 2002, 22(增): 53-56.

[15] 刘宏江. 波形钢腹板箱梁扭转与畸变的试验研究及分析. 南京: 东南大学, 2003.

[16] 李宏江, 叶见曙, 万水, 等. 剪切变形对波形钢腹板箱梁挠度的影响. 交通运输工程学报, 2002, 2(4): 17-20.

[17] Rosignoli M. Prestressed cncrete cncrete box girder bridges with folded steel plate webs. Proceedings of the Institrtion of Civil Engineers, Structures and Buildings, 1888, 134: 77-85.

[18] Sayed-Ahmed E Y. Behaviour of steel and (or) composite girders with corrugated steel webs. Canadian Journal of Civil Engineering, 2001, 28(4): 656-672.

第4章　钢桁腹PC组合结构桥梁

4.1　概　　述

近年来，钢-混凝土组合桥梁一些技术先进的新结构、新体系被应用到实际工程中。国外研究认为，把钢桁架的上下弦用钢筋混凝土板代替，可以节省钢材，减小截面高度，是具有重要意义的探索。

德国于1985年建成的Nesenbach铁路桥是一座三跨简支的上承式组合桁架桥，跨径布置为(33.5+53.5+33.5)m。负弯矩区没有设置预应力钢筋，在桥墩附近的两个下弦杆之间浇筑混凝土板，使上下弦杆都形成组合结构的双重组合体系。瑞士于1997年建成的Lully高架桥是一座23跨连续的上承式组合桁架系，各跨跨径为(29.93+21×52.75+29.93)m，桥面为宽12m的上下线分离式。

板桥川公路桥在设计负弯矩区时不考虑与钢桁架的组合，桥面板采用的是组合结构[1]。日本小白仓桥采用了体外索的多跨连续组合桁架体系，跨径布置为(56+60+56)m，桥面宽为11.5m，纵向节点间距为5m。现代桁架桥基本上都开始采用高强螺栓或焊接进行杆件间的连接，芜湖长江大桥采用的就是全封闭焊接整体节点，弦杆之间的连接采用大直径高强螺栓。

法国Bras de la Plaine桥(图4.1)是一座跨越深谷河流的公路桥，1999年开始施工，2001年竣工通车。该桥单孔跨径280m，桥梁全长305m，桥宽11.9m；变截面，跨中梁高5m，桥台根部梁高17.5m，桥梁顶底板为混凝土，腹板为钢桁腹腹杆[2-5]。

图4.1　法国Bras de la Plaine桥

法国Arbois桥(图4.2)建于1985年，跨越Cuisance河，是一座较早的桁腹式组合桁梁，等截面三跨连续公路梁桥，跨径布置(29.85+50.50+29.85)m，桥梁全长50.1m，桥面宽度11.0m。

2003年，日本建成了第一座桁腹式组合桁梁桥Kinokawa高架桥(图4.3)，结构为5跨连续梁，跨度布置：（51.85+2×85.0+53.85）m，桥梁全长 268m，全宽 5.5m，主梁采用梁高为 6m 的等截面，钢桁腹腹杆采用钢管（直径为 Φ506.5mm，t=9～22mm）。Kinokawa 桥采用钢腹杆代替 PC 箱梁桥中的腹板，首先能够减轻主梁自重，同时减小下部结构承担的荷载；其次能够省去腹板部位的模板架设、钢筋绑扎、预应力筋布置以及混凝土的浇筑等工序，简化施工，缩短工期；再次能增加结构的透明感，容易和周围环境融为一体；最后能便于车辆在下翼缘上通行，钢材的涂装以及维护都比较容易实现。由于该种结构形式在日本第一次使用，尚没有非常成熟的设计方法，日本采用了三维有限元方法对该桥进行了细致的分析，同时还对桥面板和钢桁架接合部进行了大比例试验，以验证连接的可靠性[6,7]。

图 4.2　法国 Arbois 桥　　　　　　　　　　图 4.3　日本 Kinokawa 桥

钢桁架梁与混凝土桥墩固接，不仅可以减少支座维护费用、减小主桁架的负弯矩，而且伴随着超静定次数的增加，抗震性能提高。椿原桥位于日本东海北路公路干线上，于 2002 年 7 月完成，是一座 3 跨连续上承式组合结构桁架桥。

钢桁腹 PC 组合结构桥梁近年来在我国发展很快，它既是一种高强、高性能的结构材料，也适合用高效的施工技术，将成为城市桥梁新的发展方向。目前，我国对组合梁的研究不足之处是对构件研究较多，对结构体系研究较少[8-11]。但是，结构体系的变化能从根本上改变结构的受力状况，从而获得经济效益，因此，利用组合结构独特的截面变化特征对其转换过程进行研究具有重要意义，图 4.4 为日本猿田川桥，图 4.5 为南京江山桥。

图 4.4　日本猿田川桥　　　　　　　　　　图 4.5　南京江山桥

4.2　曲线钢桁腹 PC 组合结构桥梁

国道 107 桥曲线半径小且车流量大。横断面采用单幅断面设计,其标准宽度为 11.0m,断面布置形式为:0.5m 防撞墙+0.5m 路缘带+4m 小车道(3.25m 小车道+0.75m 曲线加宽)+5.0m 大车道(3.5m 大车道+1.5m 曲线加宽)+0.5m 路缘带+0.5m 防撞墙,机动车道采用单向 1.5%横坡,匝道依据半径和行车速度设计成超高为 2%。

A、B、C 匝道上部结构主桥均采用悬臂桁-钢混凝土组合梁,跨径组合(30+40+40+30)m,桥梁长 140m,图 4.6 为桥面立面图,桥面宽 11m,梁高 1.8m,由 1.7m 钢梁及 30cm 后浇层组成,后浇层纵向主筋和横向主筋均采用 HRB335,直径 16mm 的螺纹钢筋,图 4.7 主梁支点处横断面图,图 4.8 为主梁跨中处横断面图。

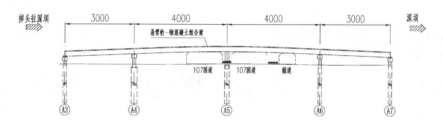

图 4.6　A 匝道桥型布置图

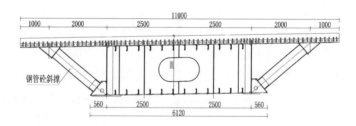

图 4.7　主梁支点处横断面图

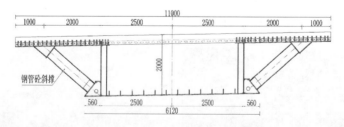

图 4.8　主梁跨中处横断面图

主梁侧向悬臂长 3.0m,悬臂端厚度为 30cm,每 2m 设置一道斜撑,斜撑规格为中 $\Phi 351×12mm$ 的钢管,内灌 C50 微膨胀混凝土。腹板采用直腹板,腹板中心距为 5m,板厚 16mm。组合梁顶板由横向及纵向翼缘板组成,翼缘板厚 16mm,并设有加劲肋及抗剪栓钉[12],肋高 16cm,肋板上开有直径 5cm 的钢筋孔,底面钢板通长布置,间距 40cm

布置一道加劲肋，加劲肋厚 16mm，每 4m 设置一道横隔板，钢板及斜撑材质均为厚度 Q345qC，浇注后浇层时为施工方便、节省模板，施工前，在两腹板顶部横向铺设压型钢板，压型钢板采用 BD40-600-200 闭合型，板厚 1.2mm[13]，图 4.9 为主梁标准段压型钢板平面布置图。

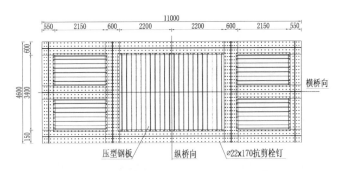

图 4.9　主梁标准段压型钢板平面布置图

全桥在顶板设置横向预应力钢束，采用 $3\phi^s15.2$，初始张拉应力 $0.65\sigma_{con}$，纵向间距 1m，一端张拉另一端锚固。

A 匝道采用 MIDAS 空间杆系模型：建立空间杆系有限元模型进行分析，得到钢主梁顶、底板和混凝土桥面板的应力和支座反力，并按照规范进行组合，得到最不利应力和支座反力。

(1)计施工阶段划分如表 4.1 所示。

表 4.1　施工阶段划分

阶段编号	阶段描述
工况 1	在临时支点上安装钢梁，合拢钢梁
工况 2	浇注支点底板混凝土
工况 3	A4、A6 支点顶升 5cm 分级顶升
工况 4	浇注混凝土桥面板，浇注顺序：浇注跨中砼，从跨中至离支点 5m 截面处，浇注 A4、A6 支点上缘混凝土桥面板，待混凝土强度达到 90%，龄期不少于七天之后施工一个工序
工况 5	拆除临时支架
工况 6	A4、A6 内侧支点下降 4.5cm，A4、A6 外侧支点下降 5cm 落到正式支座上
工况 7	第二、第三跨压载 100t
工况 8	浇注 A5 支点上缘混凝土桥面板，待混凝土强度达到 90%，龄期不少于七天之后施工一个工序
工况 9	撤除第二、第三跨压载 100t
工况 10	张拉横向预应力
工况 11	浇注二期恒载
工况 12	活载组合
工况 13	收缩徐变

(2)结构钢材性能如表 4.2 所示。

表 4.2 结构钢材性能表

应用结构			钢箱加劲梁
材质			Q345qC
力学性能		弹性模量 E/MPa	210000
		剪切模量 G/MPa	81000
		泊松比 γ	0.3
		轴向容许应力 $[\sigma]$/MPa	200
		弯曲容许应力 $[\sigma_w]$/MPa	210
		容许剪应力 $[\tau]$/MPa	120
		屈服应力 $[\sigma_s]$/MPa	345
		热膨胀系数	0.000012

(3)纵向计算分析。

采用容许应力法进行荷载组合,得到主梁顶底板最不利正应力和剪应力。按照标准组合得到桥面板应力和支座反力。

正应力(标准组合效应,外侧上缘)如图 4.10 所示。

图 4.10 外侧上缘应力(拉应力为正,单位 MPa)

正应力(标准组合效应,内侧上缘)如图 4.11 所示。

图 4.11 内侧上缘应力(拉应力为正,单位 MPa)

正应力(标准组合效应,外侧下缘)如图 4.12 所示。

正应力(标准组合效应,内侧下缘)如图 4.13 所示。

剪力(标准组合效应)如图 4.14 所示。

图 4.12　外侧下缘应力(拉应力为正，单位 MPa)

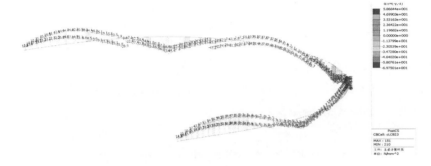

图 4.13　内侧下缘应力(拉应力为正，单位 MPa)

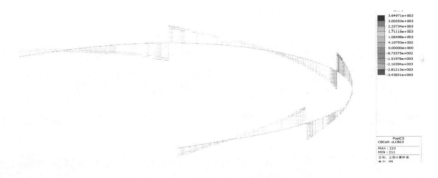

图 4.14　剪力(单位 kN)

桥面板应力(标准组合效应)如图 4.15 所示。

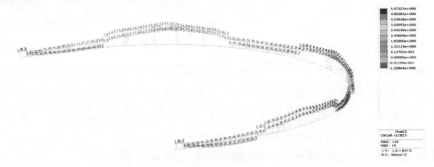

图 4.15　应力(拉应力为正，单位 MPa)

将标准组合下各应力及剪力情况汇总于表 4.3。

表 4.3　应力及剪力情况汇总表

位置	A3～A4 跨中	A4 支点	A4～A5 跨中	A5 支点	A5～A6 跨中	A6 支点	A6～A7 跨中
钢梁外侧上缘应力/MPa	−135.3	34.4	−103.8	67.5	−89.3	53.4	−122.2
钢梁内侧上缘应力/MPa	−132.1	36.3	−98.2	66.7	−86.5	52.2	−121.1
钢梁外侧下缘应力/MPa	58.4	−47.3	36.6	−68.9	14.7	−63.0	44.6
钢梁内侧下缘应力/MPa	58.7	−45.0	−39.3	−69.8	17.6	−64.4	44.7
钢箱梁剪力/kN		3232		3649.7		3318.7	
混凝土桥面板应力/MPa	0.7	3.2	1.6	3.9	2.0	3.3	1.3

(4)结构变形验算变形。

标准组合下计算结果表明,主桥最大竖向位移发生在 192 号节点(40m 跨跨中处)。竖向恒载挠度为 35mm,活载 10mm,总竖向挠度 45mm,为跨度的 1/1000<1/600,按规范设置预拱度 40mm。挠度满足要求。

4.3　悬臂撑–钢桁腹 PC 组合桥梁

1. 概要

107 国道深圳段东起南头检查站,西至松岗收费站,全长 31.2km。107 国道是连接深圳至广州往北京的国家一级干线公路,在深圳境内经由新安、福永、沙井、松岗等镇区,是深圳西部地区对外一条主要的交通干道。随着宝安区城市化进程的加速,地处 107 国道兴围–黄田两侧的用地区域由于毗邻宝安机场,地理位置优越,车流量大。

为满足逐步增大的交通需求,A 匝道设计起点位于建材市场路口后 80m,在 107 国道现状人行道、绿化带处修建 A 匝道、A 辅道,跨越 107 国道后掉头,顺接现状 107 国道辅道。在 107 国道兴围路口往深圳方向后约 300m 处,设置掉头匝道 B。B 匝道设计起点位于深圳市宝馨颐养院路口处,利用 107 国道现状辅道修建桥梁,跨越 107 国道后掉头,顺接现状 107 国道辅道。在 107 国道荔园路口(黄田路口)往广州方向后约 150m 处,设置掉头匝道 C。C 匝道设计起点位于霸王集团路口后 150m,利用 107 国道现状明渠位置修建桥梁,跨越 107 国道后掉头,顺接现状 107 国道辅道。匝道纵坡均采用小于 5.0% 控制,设计速度为 25km/h,桥下净空主道不小于 5.0m,辅道不小于 5.5m,A、C 匝道半径 R=30.5m,B 匝道半径 R=35m,单向双车道,匝道由道路宽度 9m 渐变至桥梁宽度 11m。总体效果图如图 4.16 所示。

主梁采用钢桁腹 PC 组合梁,主梁横断面图如图 4.17 所示。

图 4.16　桥梁总体效果图(A、B、C 三个匝道桥)

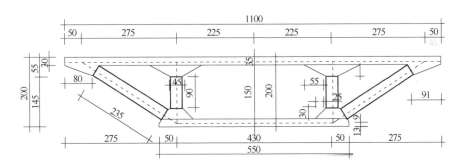

图 4.17　主梁横断面图

2. 设计要点

该工程重点对设计及施工过程中的工艺、方法、措施和质量控制进行了主要分析，工程施工采用新技术、新材料、新工艺、新方法，突出了钢桁腹 PC 混凝土组合梁桥的技术特点。

钢桁腹 PC 组合梁是一种通过使用钢桁管结合混凝土板，通过体内索或体外索提供预应力的组合桁架桥，以达到减轻主梁自重、提高预应力导入效率、简便施工的合理结构。此外，它用钢桁管构件代替通常的 PC 箱梁桥混凝土腹板，因此可适用于下承式梁结构、上承式悬吊板结构、空间桁架结构等。该项目在设计过程中，充分考虑路线线形、地形条件、架设条件等，设计时兼顾上部以及下部结构施工方法，使结构特性、经济性得以充分发挥。

该项目第一联、第三联采用钢桁腹 PC 组合梁采用空间桁架结构，一联桥长为 61.1m，跨径布置为 2×30.55m，梁高 2m。腹杆采用直径 351×12mm 钢管，箱外斜撑采用直径 351×12mm 钢管，钢管材质为 Q355qC，内浇注 C60 微膨胀混凝土。箱梁纵向预应力采用体内索与体外索相结合的体系，体内索主要用于承担一期恒载及施工临时荷载，箱梁在连续状态下张拉的体外预应力用于抵抗二期恒载和活载。

该设计纵向体内预应力钢束采用符合 GB/T 5224—2014 标准的高强度、低松弛钢绞线，f_{pk}=1860MPa，E_s=1.95×55MPa，顶底板束均采用 15$\varPhi_s$15.2 钢绞线，全桥通长布置，于梁体现浇养生后张，锚下张拉控制应力 1395MPa。所有体内束均采用聚乙烯塑料波纹管成孔真空压浆，锚具采用与之相配套的夹片锚。

体外预应力束索体采用符合国家标准《环氧涂层七丝预应力钢绞线》(GB/T 21073—2007) 规定的环氧涂层钢绞线做成的成品索，每束采用 19 根 15.2mm 钢绞线，外包 HDPE 护套。其标准抗拉强度 f_{pk}=1860MPa，单股钢绞线公称直径为 15.2mm，公称面积 150mm^2，延伸率 ≥3.5%，张拉控制应力=0.55f_{pk}。体外预应力束锚具采用相应规范的夹片式锚具，锚具应满足整体换束及调整张拉力的要求。体外束在全桥现浇养生后张拉，待二期恒载施工后再次调整张拉，以使梁的受力达到最佳状态。同时，为使索体自由段的振动频率不与整体振动频率接近，在适当距离安装减振装置，以避免索体产生不利振动。锚具所用钢管均采用符合 GB 8163—2008 规定的无缝钢管，锚具其他性能满足 GB/T 14370—2007 标准的要求。水泥浆强度不小于 50MPa，水泥采用不小于 52.5 级硅酸盐水泥或普通硅酸盐水泥。

施工中考虑桥长、跨径以及钢桁管的施工方法，根据对现场的架设条件、施工能力以及经济性的比较分析，结合目前国内外施工业绩中，规模较小时，通过固定式支架法进行了现场浇注，跨径较大并涉及多跨时，采用了悬臂架设法。该工程一联为两跨 30.55m，跨度较小，选定支架法利用整体式组合节点进行整体吊装施工。

混凝土板的最小厚度，必须是能够确保混凝土板安全性的厚度。混凝土板是剪力作用方向的厚度较薄，并且很难布置剪切加强筋，有必要由混凝土板的跨径方向的钢筋与混凝土承担剪力。应具有能确保上述目的的最小厚度，能保证良好的施工质量。

对于钢桁腹 PC 组合梁中使用的钢桁管杆件，考虑作用的截面内力、运输、施工性以及经济性，合理选择形状以及材质。钢桁管杆件考虑架桥位置的自然条件、环境条件以及设计使用寿命期限，制作时应做好防水、防锈的工作。

3. 主梁静力分析

结构计算基本参数及假定如下：

(1)恒载。恒载考虑一期恒载和二期恒载，一期恒载以模型的结构自重形式进行加载，二期恒载以梁单元荷载的形式进行加载。

(2)活载。汽车荷载：采用车道荷载，荷载等级取 A，按双车道进行加载。

(3)温度荷载。根据深圳市的气候特点，桥梁合拢温度定为 20℃，升温最高温度为 55℃，降温最低温度为 0℃，故体系升温按 25℃计，体系降温按 20℃计。

(4)荷载组合。

D：恒载，M：活载，T：温度荷载，SM：基础沉降

组合Ⅰ：1.2D+1.5M+0.5 SM

组合Ⅱ：1.2D+1.5T+0.5 SM

组合Ⅲ：基本组合 1.2D+1.5M+1.12T+0.5 SM

组合Ⅳ：弹性阶段应力验算组合 1.0D+1.0M+1.0T+1.0SM

组合Ⅴ：1.0D[二恒]+1.0M

承载能力极限状态组合为组合Ⅲ，正常使用极限状态组合为组合Ⅳ。

(5)计算软件。

对于该桥的结构分析和计算，采用 Midas/civil 205 空间计算软件进行，分析对象为 B 匝道的钢桁腹 PC 梁。模型采用杆系有限元模型进行分析，共计 639 个节点，1335 个单元。通过计算桥梁的上部结构在各种工况下的受力，确定受力最不利的构件进行强度验算。该结构采用通透式结构形式，迎风面积较小，计算过程中不考虑风荷载作用，结构分析离散模型如图 4.18、图 4.19 所示，钢桁管吊装如图 4.20 所示。

图 4.18　结构分析离散模型(三维视图)

图 4.19　结构分析离散模型(侧面)

图 4.20　钢桁管吊装就位

(6)主要材料、性能及结构模拟假定。

① Q355qC 钢材，力学性能如下：

弹性模量：E_g=206000MPa

泊松比：0.3

线膨胀系数：0.000012/℃

② 预应力钢绞线，力学性能如下：

弹性模量：E_g=195000MPa

公称抗拉强度：1860MPa

泊松比：0.3

线膨胀系数：0.000012/℃

③ C60 混凝土，其主要力学性能如下：

弹性模量：E_h=36000MPa

泊松比：0.2

线膨胀系数：0.00001/℃

④ 计算中采用的预应力钢筋为符合 YB/T 5320—2006 的 1860 级预应力钢绞线 Φ_s15.2mm；按规范《公路桥涵设计通用规范》(JTG D60—2015)考虑混凝土收缩徐变 500 天。该桥跨径较小，桩基计算时不均匀沉降按 5mm 计。施工时注意中支点预先抬高 1.0cm，主梁施工完成后落梁，达到梁底设计标高。

4. 结构应力验算

计算结果表明：

最大压应力发生在 568 号单元(端头第一根正向斜管)，应力值为-120.5MPa。

最大拉杆应力发生在 515 号单元(端头第三个节间位置)，应力值为 78.7MPa。

应力幅最大发生在 388 号单元(边跨 1/5 处正向斜管)，应力值为 132.6MPa。

如图 4.21、图 4.22 所示，满足设计要求。

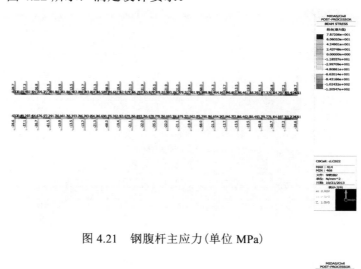

图 4.21　钢腹杆主应力(单位 MPa)

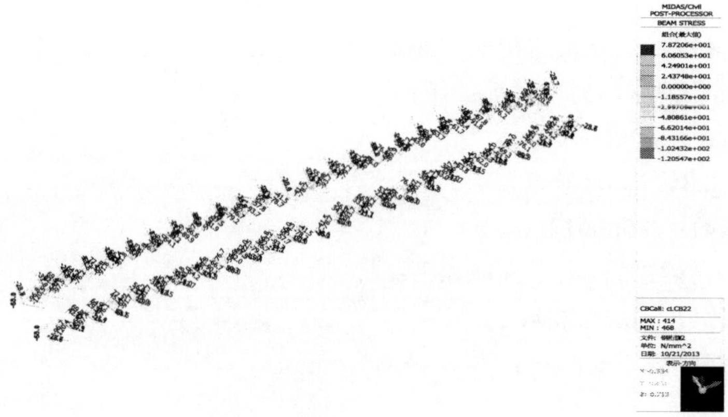

图 4.22　钢腹杆应力及应力幅

上述结果可知设计中的支座没有负反力,不需设置拉力支座及混凝土压重。

5. 支点负弯矩控制措施

① 增大负弯矩区配筋率,采用细而密的钢筋(配筋率 3%);

② 支点顶板 5m 范围内采用钢纤维微膨胀三钢混凝土(钢筋、钢纤维、不锈钢钢丝网,其中钢纤维体积率 2%);

③ 采用纤维增强型桥面防水材料,按照《道桥用防水涂料》(JC/T 975—2005)执行;

④ 优化施工工况(根据弯矩影响线进行支点标高调整);

⑤ 主梁合拢、支点混凝土浇筑的合拢温度,均应控制在 15℃ 以内;

⑥ 支点负弯矩区 5m 范围内采用抗拔不抗剪栓钉。

4.4　工　程　应　用

1. 概要

南京绕越公路东北段是长春至深圳国家高速公路在江苏省内的重要组成部分,亦是江苏省规划的"五纵九横四联"高速公路网中重要路段之一,江山车行天桥与主线相交位于六合区马鞍镇江山庄北,于 2012 年完成,是一座 2 跨 35m 钢桁腹预应力混凝土箱梁,桥宽 8.5m,采用满堂支架施工,主梁截面等高。图 4.23 所示是其桥梁整体布置图。

2. 设计要点

上部结构为两跨钢桁腹预应力混凝土组合箱梁,跨径布置为 2×35m。桥面全宽 8.5m,主梁采用单箱单室,箱梁顶面宽 8.5m,底宽 5.8m,箱梁端部梁高 1.8m,中心梁高 1.885m。箱梁翼缘悬臂长 1.85m,悬臂端厚度为 20cm,悬臂根部腹板中心处厚度为 55cm。箱梁底板保持水平,通过调整腹板高度形成桥面横坡。

桥梁上部结构钢桁腹及节点钢材均采用 Q355C 级钢,钢桁腹布置为三角桁,桁腹水平倾角为 67°左右,对于受压桁腹钢管,在内部充填混凝土以增大屈曲强度。

钢桁腹与顶底板连接节点构造如图 4.24 所示,中节点处桁腹钢管在端部均进行切割,两桁腹钢管节点纵向采用螺栓连接,现在切口处焊接 2cm 厚钢板,钢板上预先设置栓孔,然后采用 M22 螺栓进行连接;两桁腹钢管节点横向采用两块 2cm 厚钢板及螺栓连接。钢板上均设置直径 60mm 的圆孔,并贯通横桥向钢筋。端节点处桁腹钢管构造为:两桁腹钢管节点横向采用两块 2cm 厚钢板及螺栓连接。钢板上均设置直径 60cm 的圆孔,并贯通横桥向钢筋。

箱梁纵向预应力采用体内与体外相结合的体系,体内束主要用于承担一期恒载及施工临时荷载,箱梁在连续状态下张拉的体外预应力用于抵抗二期恒载和荷载。设计中顶底板纵向体内钢束采用 $12\phi^s15.2$ 钢绞线,全桥通长布置,待达到混凝土设计强度后张拉，锚具采用与之相配套的锚具。纵向体外预应力束采用 TSK15-19 环氧涂层钢绞线成品索，外包 HDPE 护套，锚具采用可调换式体外束专用夹片式锚具。预应力布置图见图 4.25。

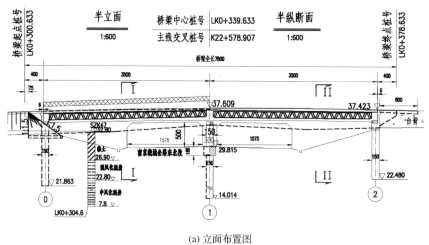

(a) 立面布置图

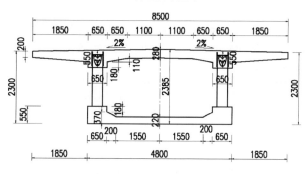

(b) 跨中横截面

图 4.23　江山桥桥型布置图与横截面(尺寸单位 mm)

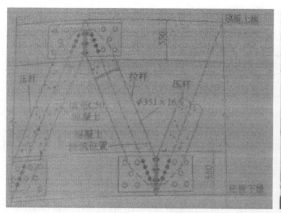

图 4.24　节点构造(尺寸单位 mm)

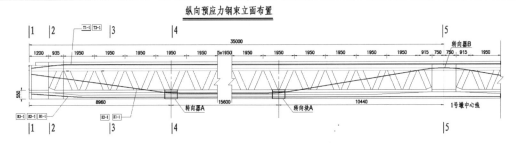

图 4.25　预应力布置图(尺寸单位 mm)

3. 施工方法

钢桁腹 PC 组合桥梁在国内作为一种新型的桥梁结构,施工方面的经验并不丰富,为保证桥梁能顺利实施,设计时必须对桥梁施工方法进行深入研究,完善桥梁施工步骤,使设计能成为现实,施工过程图见图 4.26~图 4.29。

图 4.26　钢桁腹现场吊装

图 4.27　钢桁腹现场定位

图 4.28　江山桥成桥箱内图

图 4.29　江山桥成桥图

参 考 文 献

[1] 蔡绍怀. 我国钢管混凝土结构结构技术的最新进展. 土木工程学报, 1999, 32(5): 16-26.

[2] 方秦汉. 芜湖长江大桥. 华中科技大学学报(城市科学版), 2000, 19: 1-5.

[3]　秦顺全. 芜湖长江大桥板桁组合结构斜拉桥建造技术. 土木工程学报, 2005, 38 (9): 95-98.

[4]　Zhu S F. Study of Geometric Shape Control and Closure Techniques of Multi-Span Continuous Rigid-Frame Bridge Structure (Master Dissertation). Chongqing: Chongqing Jiaotong University, 2008.

[5]　刘玉擎. 组合结构桥梁. 北京: 人民交通出版社, 2005. 95-98.

[6]　李勇, 李敏, 史鸣, 等. 悬臂钢桁-波形钢腹板组合桥梁设计与研究. 建筑结构学报, 2013, 35, SUP1: 39-55.

[7]　李勇, 方秦汉, 张建东, 等. 双层面钢桁腹 PC 组合桥梁设计与建造方法. 建筑结构学报, 2013, 35, SUP1: 33-38.

[8]　蔡绍怀. 钢管混凝土结构设计与施工规程. 北京: 中国计划出版社, 1992. 32-38.

[9]　金成棣. 预应力混凝土梁拱组合桥梁—设计研究与实践. 北京: 人民交通出版社, 2001. 77-79.

[10]　Liu C G, Yin C B. Analysis and experimental study on jacking force for high temperature closure of conrinuous rigid-frame bridge. Highway Engineering, 2009, (5): 83-86.

[11]　周起敬, 等. 钢-混凝土组合结构设计施工手册. 北京: 建筑工业出版社, 1991. 25-31.

[12]　聂建国. 钢-混凝土组合结构原理与实例. 北京: 科学出版社, 2009. 523-527.

[13]　陈宝春. 钢管混凝土拱桥设计与施工. 北京: 人民交通出版社, 2002. 52-55.

第5章 钢桁腹 PC 梁无弦桁元法

5.1 概 述

在桥梁工程领域，尤其是钢桁腹 PC 组合桥梁领域采用的节点主要是在顶、底板混凝土表面埋设水平预埋件，利用预埋件顶面钢板焊接钢管或钢梁。这种方式存在的问题有：①钢桁腹钢管与预埋板不垂直，受力较差；②节点构造复杂，存在焊接残余应力及应力集中现象；③涂装防腐要求高，后期维护费用高；④现场安装工作量大，造价较高[1]。

混凝土板与钢桁管杆件结合的节点部位是钢桁腹 PC 组合梁的关键部位。因此，节点结构必须要设计成能够将作用于钢桁管杆件中的截面内力确实有效地传递到混凝土板中，并且具有充分的安全性的结构。节点结构根据其规模和施工性相应地被提出多种方案，并通过模型试验验证了其承载力、疲劳耐久性等。因此，混凝土板与钢桁管杆件连结处的节点形式，应充分考虑其结构特性、耐久性以及经济性。采用新型牢靠的整体式组合节点结构。

节点部位中作用来自钢桁架杆件的推压力和引拔力，以及来自混凝土板的轴向力，且在节点部位附近中出现复杂的力学性能。此外，由混凝土构件和钢构件构成的节点，采用各式各样的结构，节点部位中的力的传递性能也随每个节点结构而不同。因此，布置于节点部位附近的混凝土板上的钢筋，根据已经实施的工程实例进行恰当的布置，保证使其不致损坏节点结构的功能及耐久性[2]。

针对现有技术的不足，整体式组合节点可以充分解决节点应力集中、功能单一、不需要额外的涂装防腐保护措施、抗疲劳性能好，整体刚度高、减少现场施工工作量，加快施工进度。

国道 107 宝安段兴围、黄田掉头匝道桥工程引桥主梁采用钢桁腹 PC 组合结构，主梁顶板、底板采用钢筋混凝土结构，钢管混凝土腹杆截面直径为 651mm，钢管壁厚为 16mm，钢管混凝土节点交汇处 PBL 键板厚度为 20mm。节点采用钢桁腹整体式组合节点，使桥梁结构的自重大大减轻；施工中采用组合节点无弦杆桁段元法，15m 节段整体桁片吊装，无需上下横联，施工模板支架减少，减轻了基础的承重和支座反力，美观大方，与景观环境协调；方便施工、缩短工期、保护环境，具有良好的社会经济效益和环境效益。

5.2　钢桁腹 PC 梁节点应力形成力学机理

5.2.1　试验项目概况

1. 简介

钢桁腹 PC 组合结构桥梁近年来在我国发展很快，它既是一种高强、高性能的结构材料，也是一种高效的施工技术，将成为城市桥梁新的发展方向[3-5]。

目前，我国对组合梁的研究不足之处是对构件研究较多，对结构体系研究较少。但是，结构体系的变化能从根本上改变结构的受力状况，从而获得经济效益，因此，利用组合结构独特的截面变化特征对其转换过程进行研究具有重要意义。

此项目以 107 国道宝安段工程为背景，深圳 107 国道宝安段桥梁采用桁腹式组合桁梁桥的结构，因地制宜地提出了一种新的节点构造形式和新颖的组合结构新技术，降低了工程造价，在国内外属于创新，具有重要的学术价值和广阔的应用前景。此试验将为工程安全与质量提供技术保障。

如图 5.1 所示，是深圳 107 国道宝安段工程的节点构造。梯形的 PBL 剪力键固定在垫板上。钢管混凝土腹杆焊接在垫板上，并设计了套筒和加劲肋辅助连接。垫板上均匀布置了 16 根栓钉。

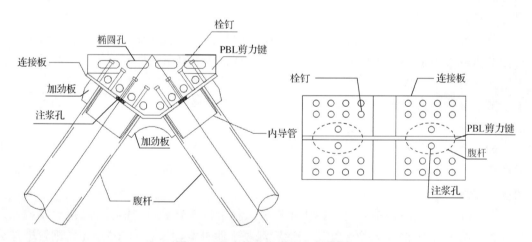

图 5.1　节点构造立面图与平面图

作为一种新结构，提出并应用在桥梁结构上，没有完整的理论认识，尚需进行大量的理论分析研究和模型试验的分析研究。

2. 试验目的

节点试验的目的是要得到节点的屈服强度、极限强度、刚度和强度的退化情况、腹杆应变及节点的破坏模式。

3．试验内容

节点是剪力传递，维持桥梁整体性的关键部位，其受力集中且复杂，受力性能直接影响整个桥梁安全，是整个桥梁的关键。本节通过桁腹式组合桁梁桥的节点在真实边界条件的试验来研究节点协调整体工作的破坏形态与受力性能。试验内容如下：

(1)结构承载力，包括节点屈服强度、极限强度分析。

(2)节点变形，包括屈服位移、应变等参数，给出完善的荷载-位移曲线。

(3)节点的破坏形态分析。

(4)有限元模拟分析。

5.2.2　试验方案

1．试件设计

试件越接近真实大小，试验的结果越能反映真实性能，但实际中难以进行 1：1 的试验，往往按照某个合理的缩尺比制作试件进行试验。试件的缩尺比要考虑尺寸效应、构造要求、试验设备等多种因素。试件的缩尺比越小，强度的离散性越大，越难体现结构的构造。缩尺比也不能过大，因为受到实验室净空尺寸、吊车起重能力、试验加载设备能力等限制[6]。所以根据模型制作和试验设备等客观条件，对节点模型采用缩尺 1：1.17 模型进行试验研究。钢管、垫板、PBL 钢板和栓钉的钢材等级 Q345，混凝土等级 C50，穿孔钢筋等级 HRB335，力学参数如表 5.1 所示。

表 5.1　试件力学参数表

材料	Q345	C50
弹性模量	200GPa	3.45×10^4 MPa
泊松比	0.3	0.2
屈服强度设计值	345MPa	23.1MPa

试验设计的基本要求是构造一个与实际受力一致的应力状态。当从整体结构中取出部分结构单独进行试验时，特别是对在比较复杂的超静定体系中的构件，必须要注意其边界条件的模拟，使其能反映出结构构件实际工作状态。如图 5.2 所示，此次试验从整桥模型中截取一个节点区域，通过满足边界条件相似，使得试件的受力情况与实际受力一致。如图 5.3 所示，桥面板两端的边界条件是约束除了竖向自由度以外的自由度，腹杆的边界条件是固端约束。

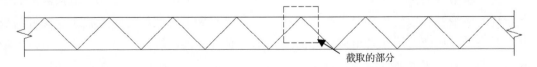

截取的部分

图 5.2　试件选取位置

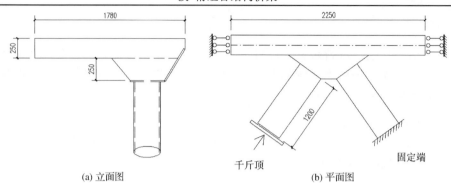

(a) 立面图　　　　　　　　　　　　(b) 平面图

图 5.3　试件示意图及边界条件

钢管混凝土直径 300mm，钢管厚 12mm，长 1200mm。PBL 钢板尺寸如图 5.4 所示，厚度 18mm。垫板尺寸如图 5.5 所示，厚度 20.5mm。穿孔钢筋穿过 PBL 钢板顶部的四个混凝土榫，直径 26mm。栓钉直径 19mm，长 170mm。

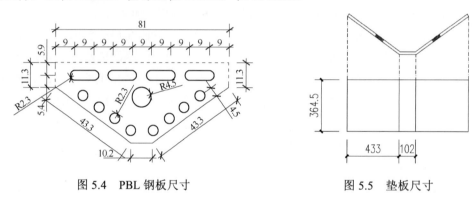

图 5.4　PBL 钢板尺寸　　　　　　　　　图 5.5　垫板尺寸

2. 加载方案

为了实现设计的边界条件，设计了一套加载设备，如图 5.6 所示。固定端腹杆件焊接固定在底座连接件上，实现固端约束的边界条件。千斤顶与加载设备连接件连接，固定千斤顶的位置。桥面板的两端通过横竖两个垂直方向的钢架构件固定，在钢架和刚架柱的接触面加入滚轴，在桥面板两端实现只释放竖向自由度的边界条件。试验中加载设备实际装配情况如图 5.7 所示。

3. 传感器布置方案

此试验通过应变片采集局部应力，通过百分表来采集位移。

为了解节点的薄弱环节，在先进行模拟分析的前提下，适当在腹杆、节点区域和板上布置的应变花和应变片来测量此点的应变，并由此来了解试件的应力状态。腹杆与板上主要是轴向应变，因此采用应变片测量，均匀布置 8 列，每列 6 个应变片；节点区域应力状态复杂，需要通过应变花测量，如图 5.8 所示。整个采集过程通过静态应变测试系统 DH3816 完成。试验中传感器实际安装情况如图 5.9 所示。

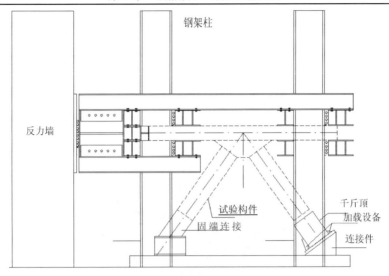

(a) 立面图

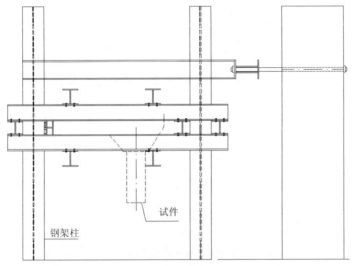

(b) 平面图

图 5.6　试验加载设备

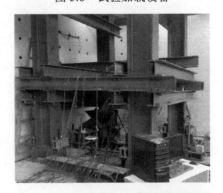

图 5.7　试验加载设备实际装配情况

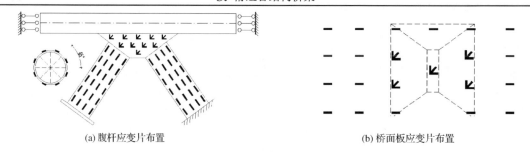

(a) 腹杆应变片布置　　　　　　　　　　　　(b) 桥面板应变片布置

图 5.8　应变片布置

图 5.9　试验中传感器实际安装情况

　　每施加一级荷载，持荷 5 分钟后，采用静态应变数据采集仪采集应变数据，并人工读取各百分表的读数。

　　4. 加载制度

　　加载前进行预加载，消除加载系统各部位的间隙与各种不稳定因素的影响，并检查加载系统及观测仪表工作是否正常。预加载完成 5 分钟后记录各个应变片读数作为试验初始状态，调整百分表位置并清零，准备进入正式试验。正式加载制度如表 5.2 及图 5.10 所示。这样得到整个加载过程的力–位移曲线。从这些曲线可以得到结构受力行为的准确描述以及结构刚度和强度变化的过程，还能得到骨架曲线，用于寻找弹性极限荷载和位移。

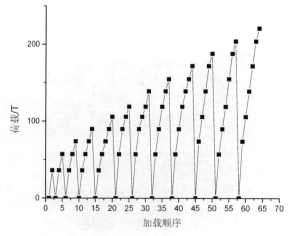

图 5.10　加载制度

表 5.2　加载表

加载序号	加载次序	荷载大小/T	加载序号	加载次序	荷载大小/T
1	1	0	33	8	57
2		36	34		90
3	2	0	35		119
4		36	36		139
5		57	37		155
6	3	0	38	9	0
7		36	39		57
8		57	40		90
9		74	41		119
10	4	0	42		139
11		36	43		155
12		57	44		172
13		74	45	10	0
14		90	46		74
15	5	0	47		106
16		36	48		139
17		57	49		172
18		74	50		188
19		90	51	11	0
20		106	52		57
21	6	0	53		90
22		57	54		119
23		90	55		155
24		106	56		188
25		119	57		204
26	7	0	58	12	0
27		57	59		74
28		90	60		106
29		106	61		139
30		119	62		172
31		139	63		204
32	8	0	64		221

5. 破坏机理及受力性能分析

节点区域的受力性能和破坏形态是桁腹式组合桁梁桥结构的关键所在，必须具有合理的强度、刚度和破坏模式，使得既能保证腹杆和桥板的整体协调工作能力，同时也能够让破坏被及时发现。本节通过分析试验数据和观察实验现象，从荷载-位移曲线、构件应力分析及破坏形态三个方面了解节点在真实边界条件下的受力性能[7-9]。

1) 荷载-位移曲线结果及分析

如图 5.11 所示，试件仍处于塑性增强阶段，最大荷载 188T，位移 8.91mm。反复加载曲线强化现象明显，卸载后再加载的刚度比骨架曲线刚度大，多次卸载后刚度仍然变化不大，强度沿骨架曲线提高。卸载后的加载曲线有较明显的屈服点，但骨架曲线没有明显屈服点。卸载的残余变形逐渐增大。试验具体数据如表 5.3 所示。

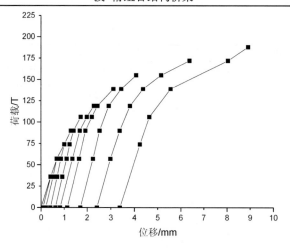

图 5.11 荷载-位移曲线

表 5.3 加载位移值

加载序号	荷载大小/T	位移/mm	加载序号	荷载大小/T	位移/mm
1	0	0	26	0	1.13
2	36	0.41	27	57	1.65
3	0	0.08	28	90	1.93
4	36	0.42	29	106	2.21
5	57	0.69	30	119	2.45
6	0	0.2	31	139	3.12
7	36	0.52	32	0	1.7
8	57	0.68	33	57	2.26
9	74	1.01	34	90	2.54
10	0	0.4	35	119	2.92
11	36	0.7	36	139	3.45
12	57	0.86	37	155	4.08
13	74	1.01	38	0	2.42
14	90	1.29	39	57	2.99
15	0	0.62	40	90	3.38
16	36	0.92	41	119	3.82
17	57	1.11	42	139	4.38
18	74	1.24	43	155	5.15
19	90	1.41	44	172	6.38
20	106	1.72	45	0	3.38
21	0	0.82	46	74	4.24
22	57	1.36	47	106	4.65
23	90	1.68	48	139	5.56
24	106	1.99	49	172	8.04
25	119	2.3	50	188	8.91

2）构件应力分析

固定端腹杆上应变片位置、编号及应力随加载过程曲线如表 5.4 所示。

表 5.4 固定端腹杆应变片位置、编号及应力随加载过程曲线

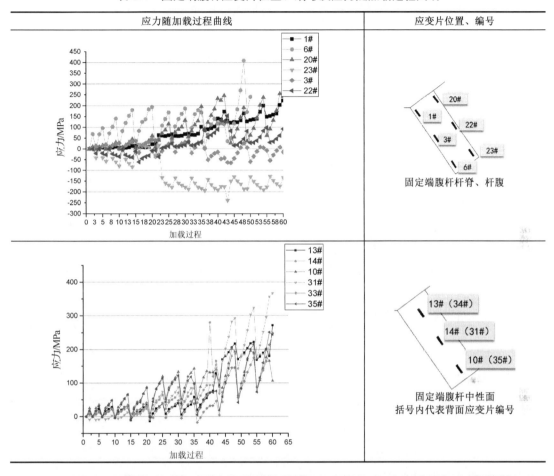

应力随加载过程曲线	应变片位置、编号

20#、22#、23#应变片处于固定端腹杆的杆脊，1#、3#、6#应变片处于杆腹位置。23#应变片始终受压。1#、6#、20#应变片始终受拉。3#、22#应变片的应力水平分别处于 1#、6#和 20#、23#之间，处于过渡状态。13#、14#、10#、31#、33#、35#应变片都位于腹杆的中性面上，都处于受拉状态，且正面及对应的背面应变片应力曲线高度一致，可以认为没有出现偏心受拉的情况。因此，固定端腹杆的受力状态如图 5.12 所示，2-2 截面表示 1#、3#、6#、20#、22#、23#应变片描述的受力状态，1-1 截面描述 13#、14#、10#、31#、33#、35#应变片表示的受力状态。偏心的受力状态使腹杆两端的受拉侧拉应变更大，受压侧减缓拉应变，但仍处于受压状态。

固定端腹杆上因受拉而进入塑性的应变片有 1#、6#、

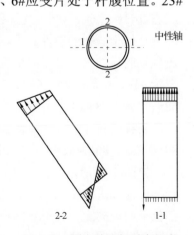

图 5.12 固定端腹杆受力状态

11#、12#、14#、17#、19#、25#、26#、31#、36#、37#、42#，无受压进入塑性的应变片。上述进入塑性的应变片都位于腹杆的两端位置，说明腹杆的两端受力最大，两端之间处于过渡状态。

加载端腹杆上应变片位置、编号及应力随加载过程曲线如表 5.5 所示。

表 5.5　加载端腹杆应变片位置、编号及应力随加载过程曲线

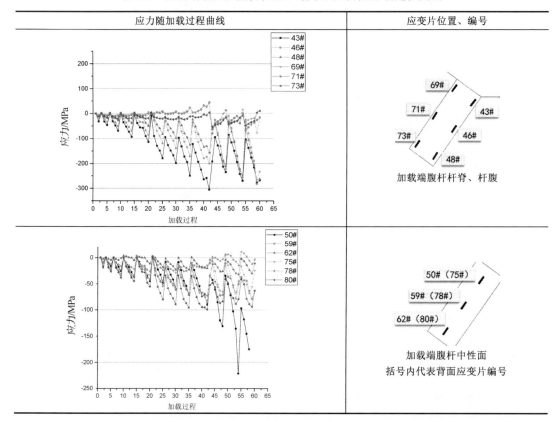

69#、71#、73#应变片处于固定端腹杆的杆脊，读数在零附近徘徊，基本处于不受力状态。43#、46#、48#应变片杆腹，始终处于受压状态。50#、59#、62#、75#、78#、80#应变片位于腹杆的中性面上，都处于受压状态，且正面比对应的背面应变片压应力要大，出现较明显的偏心受压的情况。因此，加载端腹杆的受力状态如图 5.13 所示。2-2 截面表示 43#、46#、48#、69#、71#、73#应变片描述的受力状态，1-1 截面表示 50#、59#、62#、75#、78#、80#应变片描述的受力状态。

加载端腹杆上达到塑性的应变片有 43#、44#、45#、47#、50#、52#、61#、70#、83#、87#、88#、89#、90#，全部属于受压进入塑性的状态，位于杆腹的。

如图 5.14 所示，是桥面板上的应变片位置及编号。桥面板上只有 93#、99#、111#、120#应变片进入塑性，其他应变片的应力较小。可以看出 93#、99#、111#、120#应变片都位于同一列上，且最靠近桥面板受力端，说明大部分的压力经过节点区传递到腹杆，小部分继续向后传递。

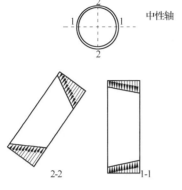

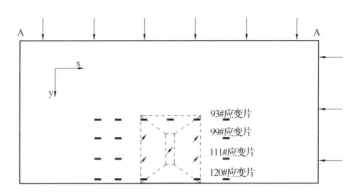

图 5.13　加载端腹杆受力状况　　　　　　　　图 5.14　板上应力分析

3）试件破坏过程

第一次加载至 119T 时，桥面板上靠近固定端一侧的节点与桥面板相接部分出现了裂缝，如图 5.15 所示。同时，靠近固定端一侧的垫板与节点区域相接部分出现了裂缝，如图 5.16 所示。加载至 172T 时，节点区域出现横向裂缝，如图 5.17 所示。加载 188T 时，靠近固定端一侧的垫板与节点区域相接部分出现了更多的裂缝，如图 5.18 所示。

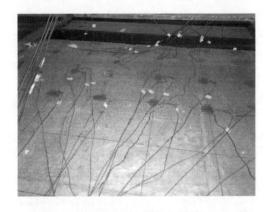

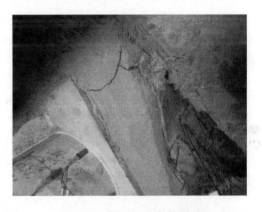

图 5.15　桥面板上裂缝　　　　　　　　　图 5.16　垫板与节点的裂缝

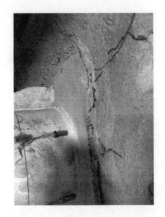

图 5.17　节点区域横向裂缝　　　　　　　　图 5.18　裂缝

6. 结论

节点是剪力传递，维持桥梁整体性的关键部位。其受力集中且复杂，受力性能直接影响整个桥梁安全，是整个桥梁的关键。本节通过桁腹式组合桁梁桥的节点在真实边界条件的试验来研究节点协调整体工作的破坏形态与受力性能，包括构件应力状况，荷载-位移曲线，刚度、强度变化情况，总结如下。

节点在真实边界条件下，延性较好，较大荷载时仍处于塑性强化阶段。强化现象明显，卸载后再加载的刚度比骨架曲线刚度大，多次卸载后刚度仍然变化不大，且加载曲线有明显屈服点。强度沿骨架曲线提高。骨架曲线没有明显屈服点。卸载的残余变形逐渐增大[10,11]。

节点在真实的边界条件下，腹杆不但承受轴力，还承受弯矩，导致固定端腹杆偏心受拉，加载端腹杆偏心受压的现象。腹杆的受力变得不均匀，固定端腹杆的杆腹和加载端腹杆的杆脊应力较大。腹杆和垫板接触的部位都出现了应力集中现象，加载至 155T 时普遍进入了塑性[12]。

节点在真实的边界条件下，靠固定端一侧的桥面板与节点区域相接的部位应力较大，往后应力较小。可认为从腹杆传递来的力主要由这个部位传递。

节点在真实边界条件下，最先的破坏从靠近固定端的垫板与节点区域的裂缝开始，然后节点区域开始出现横线裂缝。随着荷载加大，靠近固定端的垫板与节点区域的裂缝越来越多，越来越粗[13]。

5.2.3　桁腹式组合桁梁桥节点有限元非线性分析

混凝土、钢材在剪力键中的力学行为复杂，在试验中不可能检测每一个部位的应力状态，为了全面地了解节点工作时的应力分布，需要利用有限元进行补充分析[14]。为了在模拟中尽可能真实地模拟剪力键在加载过程中的变化，需考虑材料非线性和边界条件非线性。

ABAQUS 是国际上先进的通用有限元计算分析软件之一，具有强健的计算功能和广泛的模拟性能，拥有大量不同种类的单元模型、材料模型和分析过程等。对包括几种不同材料、承受复杂的机械过程，以及变化的接触条件在非线性组合问题，ABAQUS 都能得到满意的结果。

引用试验数据与分析结果对有限元计算结果进行有效性分析。在验证有限元结果与试验结果的偏差在合理范围以内以后，利用有限元模型的计算结果进行单调加载的荷载-位移曲线、传力机理、构件应力分布、节点性能参数分析。

模型结果分析如下。

1)单调加载的荷载-位移曲线

已有实验表明，在一般情况下，反复加载的荷载-位移曲线的峰值点连线，即骨架曲线，与单调加载时的荷载-位移曲线相近。但因为损伤积累等，骨架曲线的极限荷载会比单调加载的极限荷载小，偏于安全。为掌握试件极限荷载，可通过 ABAQUS 对试件进行单调加载的模拟，加载端的荷载-位移曲线如图 5.19 所示。

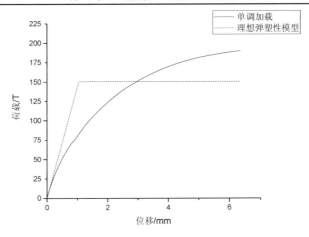

图 5.19　单调加载的荷载–位移曲线

荷载曲线说明试件没有明显的屈服点，极限荷载 F_u=190T，极限位移 S_u=6.35mm。对于没有明显屈服点的结构，可以通过能量法等效求出结构的屈服荷载和位移。取单调加载模拟的 0～10T 割线为能量等效法的理想弹塑性模型的弹性段刚度。求解方程(5-1)，式中 E_e 为理想弹塑性模型弹性模量；S_e 屈服位移，S_u 为极限位移。

$$\int_0^{S_u} f(S)\mathrm{d}S = 0.5E_e S_e^2 + E_e S_e (S_u - S_e) \tag{5-1}$$

求解得屈服位移 1.05mm，对应屈服荷载 150T，如图 5.19 所示。

2)传力机理

目前学界对各类桁梁桥节点在承受纯水平剪力时的受力性能研究较深入，了解节点在承受纯水平剪力的传力路径。在真实边界条件下节点受力复杂，腹杆不但承受轴力还会承受弯矩，节点各部件的传力路径和承受纯水平剪力时不一致，因此有必要研究在真实边界条件下传力路径情况。通过对腹杆、PBL 钢板、桥面板的应力向量分析，确定节点在真实边界条件下的传力路径。

如图 5.20 所示，加载端腹杆和固定端腹杆的三向应力向量都具有明显的沿轴向的方向性，加载端腹杆承受压力，固定端腹杆承受拉力，两端的腹杆都有偏心现象，与试验应变片数据吻合。

如图 5.21 所示，是–350～–50MPa 范围的 PBL 钢板最小主应力向量图，主要表明钢板上压力在 PBL 钢板上的力传递路径。可以观察到，PBL 钢板形成从左下侧到右上侧两个开孔的压力传力路径，传递从加载端腹杆传来的压力。

如图 5.22 所示，是–35～0MPa 范围的 PBL 钢板最小主应力向量图，主要表明混凝土榫的受力情况。在上方四个混凝土榫中，左侧两个开孔中的混凝土榫块的向量主要是竖直的，右侧两个开孔中的混凝土榫块的向量主要是水平的，说明左侧两个开孔是抵抗竖向力，右侧两个开孔抵抗水平剪力。左下方有四个混凝土榫块，左侧两个向量竖直，抵抗竖向力；右侧两个向量与钢板的传力路径重合，主要抵抗水平剪力。右下方四个圆形开孔中的混凝土榫基本不受压力。

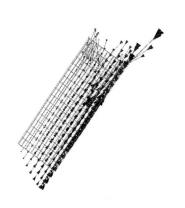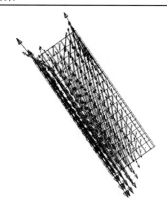

(a) 加载端腹杆三向主应力向量　　　　　　(b) 固定端腹杆三向主应力向量

图 5.20　腹杆的三向主应力向量

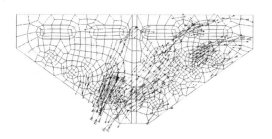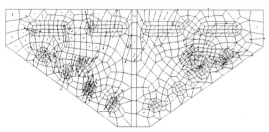

图 5.21　–350～–50MPa 范围的　　　图 5.22　–35～0MPa 范围的
　　　　PBL 钢板最小主应力向量　　　　　　PBL 钢板最小主应力向量

　　PBL 钢板的压力传力路径如图 5.23 所示。

　　如图 5.24 所示，PBL 钢板最大主应力向量图代表了拉力在 PBL 钢板上的力传递路径。图中清晰地表明拉力从开孔到 PBL 钢板右下侧的力传递路径，其简图如图 5.25 所示。

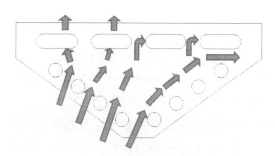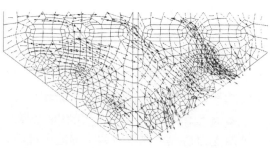

图 5.23　钢板压力传力路径简图　　　　图 5.24　PBL 钢板最大主应力向量图

　　可知，真实边界条件中 PBL 钢板从左下侧承受加载端腹杆传来的压力，右下侧承受固定端腹杆传来的拉力，两者都可以分解为水平剪力和竖向力。开孔中的混凝土榫都受压，把水平剪力和竖向力传递到桥面板中，符合 PBL 剪力键的受力机理。

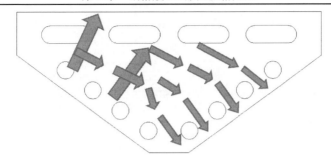

图 5.25　PBL 钢板拉力传力路径简图

真实边界条件下的 PBL 钢板受力与水平抗剪试验的受力不一样，混凝土榫不但要承受水平剪力，还要承受竖向力，因此混凝土榫处于双向受压应力状态下，混凝土强度会提高，从而改变 PBL 剪力键的受力性能。

图 5.26(a) 是位于 PBL 钢板上方的混凝土板块，图 5.26(b) 和 (c) 是它的最大、最小主应力向量图。从图可以看出，最小主应力向量可以认为是水平的，最大主应力向量都斜向下指向固定端腹杆。说明节点区域在加载端压力和固定端拉力的作用下发生轻微扭转，同时把压力传递到桥面板。

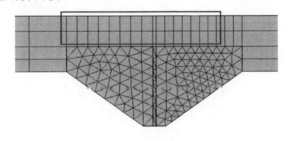

(a) PBL 钢板上方的混凝土板块

(b) 最大主应力向量

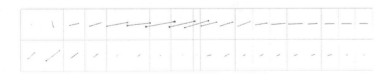

(c) 最小主应力向量

图 5.26

如图 5.27 所示，水平剪力从节点区域由 PBL 钢板上各混凝土榫传入，沿桥走向传递。传力路径简图如图 5.28 所示。

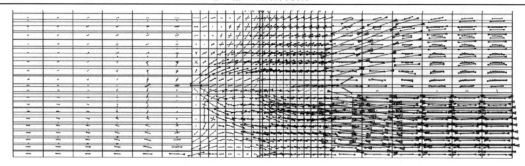

图 5.27　桥面板最小主应力向量

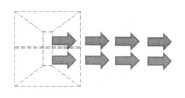

图 5.28　桥面板传力路径简图

综上所述，在真实边界条件下，加载端腹杆加载轴向力和弯矩分别从加载端和固定端腹杆沿轴向传递到 PBL 剪力键。两者的合力都通过穿孔钢筋和混凝土榫把合力传递到桥面板，再沿桥走向传递。在 PBL 钢板上的混凝土榫中并不是都传递水平剪力，有的主要负责传递剪力，有的主要负责传递竖向力。

3）构件应力分析

构件应力分析可以了解构件的应力大小水平、应力分布情况，从而了解构件进入塑性的顺序。本节通过 Mises 应力分析，如无特殊说明均指 Mises 应力。

如图 5.29 所示，是 0～345MPa 范围的应力云图。因为腹杆偏心受力，所以加载端和固定端的腹杆杆脊应力较小，杆腹应力较大，且与垫板相接处有应力集中现状。加载端腹杆整体应力水平较固定端腹杆小，且有偏心现状。

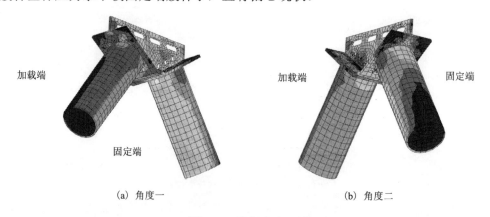

（a）角度一　　　　　　　　　（b）角度二

图 5.29　腹杆应力云图

如图 5.30 所示，是 0～345MPa 范围的应力云图。两端腹杆与垫板相接的部位有应力集中现象的原因是应力集中的部位通过垫板与 PBL 钢板连接，因此传力十分直接，造成应力集中现象。两处应力集中部位之间的应力较小，说明较少的力通过此处传递，造成浪费。

如图 5.31 所示，垫板上栓钉的位置有较明显的应力集中现象，应力大小水平由里往外逐渐减少。

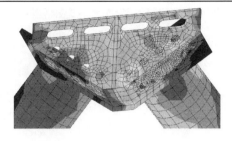

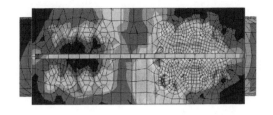

图 5.30　PBL 钢板应力云图　　　　　　　　图 5.31　垫板应力云图

　　如图 5.32 所示，PBL 钢板右下侧和上方开孔有应力集中现象，两者之间形成了三条明显的应力带，应力带内应力较大，与传力路径分析吻合。

　　如图 5.33 所示，混凝土榫的应力云图表示上方大混凝土榫的应力主要集中在两侧与钢板接触的位置。左下方混凝土榫应力大小不均匀，应力从右向左逐渐减小。右下方的混凝土榫应力较小，基本不受力。以上与传力路径分析相吻合。

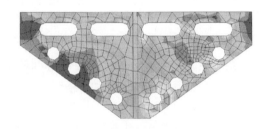

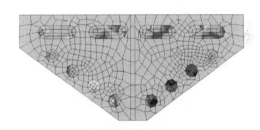

图 5.32　PBL 钢板应力云图　　　　　　　　图 5.33　混凝土榫应力云图

　　如图 5.34 所示，是节点区域混凝土在栓钉所在截面上的应力云图。下方应力集中的部位是靠加载端一侧的栓钉所在位置。从左下侧应力集中的位置到右侧桥面板形成了四条明显的应力集中带。应力带从左下侧应力集中部位开始，斜向上延伸到 PBL 剪力键的四个大混凝土榫所在位置，再水平向右延伸到桥面板上。

　　如图 5.35 所示，桥面板在竖向可以按应力大小分成两层，下层应力较大，上层应力较小。下层在桥面板与节点区域接触的部位出现应力集中现象。这是因为四个大的混凝土榫嵌入到桥面板的下层，如图 5.36 所示，从腹杆传来的力通过混凝土榫直接传递到桥面板的下层。如图 5.37 所示，下层应力呈现明显的分区，左右两侧应力大，中间应力小，与传力路径分析吻合。上层在节点区域出现应力集中现象。

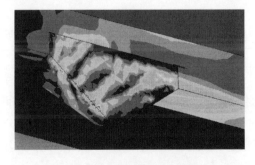

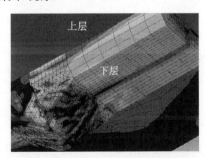

图 5.34　栓钉截面应力云图　　　　　　　　图 5.35　桥面板下表面应力云图

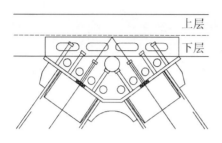

图 5.36　节点与桥面板相对位置

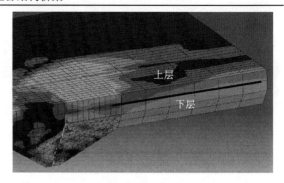

图 5.37　桥面板上表面应力云图

5.3　整体式组合节点

桁架梁桥是用桁架作为主要承重结构的梁式桥。一座典型的桁架梁桥通常由主桁架、上下联结系、桥面系和桥面等几个部分组成。

主桁架，由两端支撑点支承。联结系用以联结主桁架，使之成为稳定的整体结构，承受各种横向荷载。其中又分为纵向联结系和横向联结系。纵向联结系包括上部水平纵向联结和下部水平纵向联结，阻止主桁架间纵向错位变形。横向联结系包括桥门架和中横联，主要起增加桁架整体的抗扭刚度，阻止主桁架间横向变形。桥面系包括横梁和纵梁。桥面荷载先传递给纵梁，由纵梁传递给横梁，由横梁传递给主桁架节点，最后由主桁架传递给支撑点[6]。

桁梁桥早期曾采用木桁架，但因木材易腐朽，强度低，跨越能力不大，现在已不大使用。近代的桁梁桥以钢结构最多，近 20 年来预应力混凝土桁梁桥也有所发展，钢筋混凝土桁梁桥因拉杆易产生裂缝，故甚少修建。

钢桁梁桥的杆件由型钢和钢板组成，截面一般有槽形、工字形和箱形，常用铆接或焊接成型。铆接杆件早期多使用缀板和缀条，现在以型钢和整板为主。焊接杆件绝大部分用钢板。小跨度桁架梁中有的部分采用型钢(扁钢、角钢)做杆件。桁架杆件的交会点称为节点。把交会的杆件以节点板连接而成桁架。其连接方式又有铆接、螺栓或高强度螺栓栓接、焊接等方式。在军用结构中有的还采用销接。理论上，全焊桁梁桥是最经济的，但较大跨度的桁架，不可能在工厂全部焊成整体，而工地条件难以保证焊接质量，故多在工厂焊接杆件和其他部件，在工地用高强度螺栓连接，建成栓焊梁桥。普通螺栓的连接多用于临时性桁梁桥。

预应力混凝土桁架梁桥，则由预应力混凝土受拉(或拉压)杆件和钢筋混凝土受压杆件组合而成。

按主要承重桁架形式分类：

(1)单柱式桁梁桥。主桁架是最简单的桁架，仅有两个三角形，因腹杆只有中间一根竖杆，故也称帝柱式桁架。

(2)双柱式桁梁桥。主桁架腹杆有两根竖杆，又称后柱式桁架。因中间部分为几何可变形的长方形，其上弦应是刚性梁。

(3)三角形桁梁桥。主桁架为 1846 年英国人沃伦所提出,是典型的较简单的桁架。如腹杆和弦杆成 60°,便是由等边三角形组成的桁架;因其杆件传力路线简捷,杆件的材料用量较省,至今仍大量采用。在基本三角形桁架中,若节间长度较长,可派生出各种再分节间的三角形桁架。

(4)斜压腹杆桁梁桥。当满跨受载时,主桁架竖杆受拉,斜杆受压,在早期铁、木组合结构中,竖杆用铁,斜杆、弦杆用木。近代预应力混凝土结构中,仅竖杆预加应力,锚头布置比较简单。

(5)斜拉腹杆桁梁桥。主桁架竖杆受压,斜杆受拉,这样,压杆长度比拉杆小;用于钢桁梁时,可因压杆长度较短而节省钢材。

(6)交叉腹杆桁梁桥。主桁架腹杆交叉布置,将它们设计成受压杆件者,称豪氏桁架。也可设计成交叉腹杆受拉,让竖杆受压。

(7)菱形桁梁桥。主桁架由两组三角形桁架腹杆错开重叠布置而得。桁架中虽有几何可变的菱形图形,其整体仍是几何不变形的结构。桁架每节间的斜杆成双,每一斜杆承受一半的剪力,截面尺寸较小。在欧洲采用此式较多;中国在武汉、南京、枝城等地的长江公铁两用桥均为此形式。

(8)多腹杆桁梁桥。主桁架有多组错开重叠的三角形腹杆,故其腹杆截面尺寸小。早期腹杆用木板,后来用钢板加竖向加劲,也有用型钢的。

(9)K 形桁梁桥。1860 年首次应用,其斜杆折成 K 形,当桁架较高,节间较小时,可使斜杆与竖杆间的夹角不致过小。

(10)空腹桁梁桥。主桁架不用斜杆,节点均为刚性,所有杆件同时受轴向力和弯矩,曲弦较平行弦的弯矩为小。焊接钢桥初期,此式在比利时曾盛行一时,但由于母材和焊接工艺不良,在布鲁塞尔的阿尔贝特运河上曾有三座这种形式的桥梁脆断毁坏。现在空腹桁梁桥仅在小跨或活载不大处使用。

桁架的要求如下:

(1)足够的强度——不发生断裂或塑性变形;

(2)足够的刚度——不发生过大的弹性变形;

(3)足够的稳定性——不发生因平衡形式的突然转变而导致的坍塌;

(4)良好的动力学特性——抗震性;

(5)节点的安全性——正常使用极限状态下基本要防止发生裂缝,在承载能力极限状态下的破坏,较其他构件不能先破坏。

(6)施工的安全——实现节段吊装、无阻碍施工。

5.4 无弦桁元法

荷载传递给主桁架节点,最后由主桁架传递给支撑点,通过支座传递给下部桩基。受力过程中节点受力尤为关键[15]。

节点连接方式主要有铆接、螺栓或高强度螺栓栓接、焊接等。较大跨度的桁架，不可能在工厂全部焊成整体，而工地条件难以保证焊接质量，故多在工厂焊接杆件和其他部件，在工地用高强度螺栓连接，建成栓焊梁桥。然而工地使用高强度螺栓连接对施工的对接精度提出了更高的要求，施工过程中难免存在施工误差，这将导致难以精确定位，增加现场工作量，延长工期。

目前节段吊装主桁架，一般是与上下弦杆焊接成整体，增加纵向刚度，解决安装变形的问题，而上下弦杆从受力角度较为富余，上下弦杆更多的是用于考虑施工吊装，这样使材料使用量增加，工厂加工工序多，造价增加。

主桁架节段吊装的分段长度直接影响了工期，分段长度长则需考虑纵向变形，分段长度段则需考虑施工周期和结构的连接性、整体性[16]。针对以上存在问题，提出了组合节点无弦杆桁段元法，如图 5.38 所示。

其优点在于[17]：

(1)取消了上下平联，节省钢材和加工工序；

(2)节点采用 PBL 连接键，利用 PBL 连接键加劲板将桁片连接成整体，即避免了施工吊装过程中的变形过大，又是为桥梁永久结构；

(3)主桁架分段长度可根据现场施工环境划分，主桁架分段处只需将桁架通过预先埋置好的内导管对位，即可实现精确焊接，焊接对位易保障，焊接数量少(图 5.39)；

(4)避免了现场高强度螺栓连接。

图 5.38　组合节点无弦杆桁段元法

图 5.39　主桁架分段处内导管定位

5.5　工 程 应 用

组合节点无弦杆桁段元法吊装施工方法如下：

(1)钢桁腹 PC 组合梁吊装。钢桁腹 PC 组合梁分 15m 一段吊装，先用吊车将钢桁腹梁单榀吊装就位，再做临时辅助固定，第二榀吊装完成后进行单元体加固，见图 5.40 和图 5.41。

(2)单边一榀装上后打斜撑加固，对应的另一榀装上后加两端加 HM200×150 的 H 型钢，再加剪刀撑(间距 2.5m)，相对应的为一个单元体，采用角钢将其临时联接成一个整体，成稳固单元体，再吊装下一组，见图 5.42～图 5.46。

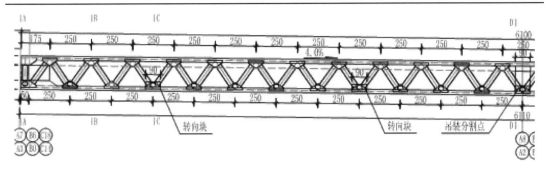

图 5.40　钢桁腹梁侧面尺寸示意图

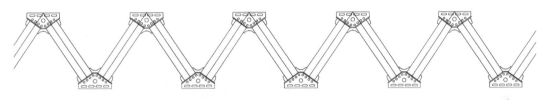

图 5.41　钢桁腹梁安装示意图

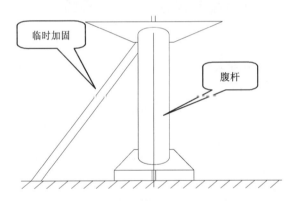

图 5.42　单榀钢桁腹梁安装临时加固示意图

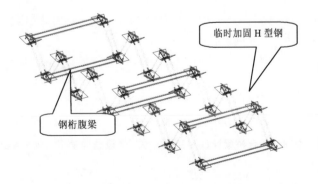

图 5.43　双榀钢桁腹梁安装临时加固示意图 1

图 5.44　双榀钢桁腹梁现场安装图

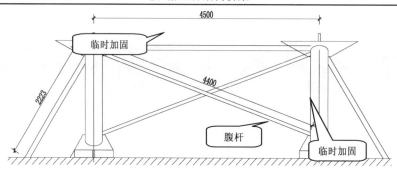

图 5.45　双榀钢桁腹梁安装临时加固示意图 2

图 5.46　双榀钢桁腹梁现场安装临时加固图

(3)斜撑安装,钢桁腹梁安装后,采用吊车进行单根斜撑吊装,吊装过程测量员要求全程放线复核修正,如图 5.47 所示。

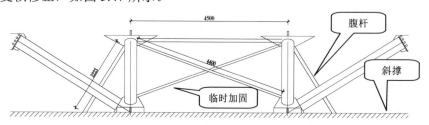

图 5.47　钢桁腹梁安装截面示意图

(4)拆除临时加固。

(5)桥面施工完成,拆除临时加固设施。

参 考 文 献

[1] 李勇, 方秦汉, 张建东, 等. 双层面钢桁腹 PC 组合桥梁设计与建造方法. 建筑结构学报, 2006, 64, SUP1: 66-68.

[2] 李勇, 李敏, 史鸣, 等. 悬臂钢桁-波形钢腹板组合桥梁设计与研究. 建筑结构学报, 2006, 64, SUP1: 69-74.

[3] 刘玉擎. 组合桥梁结构. 北京: 人民交通出版社, 2002.

[4]　李勇. 大跨度钢–混凝土组合桥梁空间理论与应用研究. 武汉: 华中科技大学, 2011.

[5]　李勇, 聂建国, 陈宜言, 等. 深圳彩虹大桥设计与研究. 土木工程学报, 2002, 65(5): 52-56.

[6]　聂建国, 李勇, 余志武, 等. 钢–混凝土组合梁刚度的研究. 清华大学学报(自然科学版), 1988, 10: 68-71.

[7]　聂建国. 钢–混组合结构梁结构—试验、理论与应用. 北京: 科学出版社, 2012.

[8]　李淑琴, 孙天明. 钢–混组合箱梁 PBL 剪力件计算方法研究. 公路, 2010, 15(08): 64-66.

[9]　李勇, 郭帅. 钢–混凝土组合梁体系转换新技术. 华中科技大学学报, 2006, 20(02): 4-129.

[10]　周克明, 李霞. 横向力作用下的悬臂桁架结构. 工程力学, 2007, 24(10): 66-40.

[11]　何军民. 连续钢桁拱双悬臂架设用水平拉索设计与施工. 交通科技, 2006, 26(1): 62-65.

[12]　李勇, 陈宜言, 聂建国, 等. 钢–混凝土组合桥梁设计与应用. 北京: 科学出版社, 2002. 16-116.

[13]　蔡绍怀. 我国钢管混凝土结构技术的最新进展. 土木工程学报, 1999, 4: 16-26.

[14]　钟善峒. 预应力钢结构. 哈尔滨: 哈尔滨工业大学出版社, 1986.

[15]　李勇, 聂建国, 陈宜言. 一种新型的预应力钢—混凝土组合梁. 桥梁建设, 2001, 6: 61-66.

[16]　李勇, 刘厅, 刘冰. 钢管对接的内导管定位新工艺. 哈尔滨建筑大学学报, 2001, 64: 11-16.

[17]　李勇, 王晓红. 钢管内流态混凝土受力机理研究. 哈尔滨建筑大学学报, 2001, 64: 114-116.

第6章 双层桥面钢桁腹 PC 组合桥梁

6.1 概　　述

双层钢桁腹组合 PC 梁：采用钢桁腹杆替代 PC 箱梁中的混凝土腹板，或者将钢桁架的上下弦用钢筋混凝土板代替，形成的空间结构钢-混凝土组合梁，顶板面层及底板面层均可以承受荷载，实现使用功能效率最优。

6.2　双层桥面钢桁腹 PC 组合桥梁基本原理

1. 节点部位的设计要求

节点部位中作用来自相互交叉的两根钢桁架构件的推压力和引拔力，以及来自混凝土板的轴向力。这些力从一构件向其他的构件进行传递时，节点中轴向力被转化为剪力，将产生偏心弯曲等，出现复杂的力学性能。况且，通过钢桁架构件和混凝土板，弯矩和剪力也作用于节点部位，所以应力特性将变得非常复杂。因此，在节点部位的设计中，需准确地把握这些特性[1-7]。

在设计中，特别需要注意力的传递性能，如下所示。

(1)钢桁架杆件之间相互作用力的传递性能。

① 在构成节点部位的钢材之间，直接传递的力及其性能，应力分布；

② 通过混凝土传递的力及其性能，应力分布。

(2)钢桁架杆件和作为上、下弦杆的混凝土板之间的力的传递性能。

(3)轮荷载等引起的作用于桥面板的力，通过节点部位向钢桁架杆件传递的性能。

此外，在节点部位中有时要把较大的钢材埋入较小的混凝土构件中，在其附近，由混凝土的收缩、徐变引起的应变将被约束。特别是，在节点部位中被 2 根钢桁架杆件夹住的混凝土部位，钢筋等加强构件容易变得不连续，易产生裂缝。另外，组装或架设钢桁架构件时产生的应力几乎没有消除，因此，需考虑其影响。此外，当施工误差对节点部位的应力产生较大影响时，验算其影响，最好是为预计误差保留富余量。

钢桁腹 PC 组合梁的节点部位的结构，根据作用力或施工方法可以采用各种各样类型的结构形式，因此设计时应注意。

在节点部位的设计中，正确计算节点部位中产生的作用力是前提，因此，有必要选择适当的分析模型或荷载的载荷方法。对于耐久性，由于从节点部位的混凝土裂缝或构件连接部位产生的缝隙中渗入的雨水，有可能导致钢材的腐蚀，所以使用性能要求中，在正常使用极限状态下必须要防止产生裂缝。对于承载力，为了在承载能力极限状态下排除导致整体结构破坏的危险性，必须注意节点部位不能先于其他构件毁坏[6-8]。

2. 节点部位的构造

钢桁腹 PC 组合梁是顶、底板为混凝土，腹板处布置钢桁架的一种结构。混凝土板与钢桁管杆件结合的节点部位是钢桁腹 PC 组合梁的关键部位。因此，节点结构必须要设计成能够将作用于钢桁管杆件中的截面内力确实有效地传递到混凝土板中，同时要确保横截面各部分能够构成一体承担荷载。并且具有充分的安全性的结构。包括节点结构、节点部位的力学性能不仅对节点部位的设计很重要，对钢桁腹桥整体的设计也具有重大影响。因此，在充分掌握节点部位的力或应力的传递性能的基础上，必须把其设计为能够满足各极限状态所要求性能的结构。

对节点部位性能的要求，如下所示。

(1)为确保节点部位的耐久性，在正常使用极限状态下基本要防止发生裂缝。

(2)为确保节点部位的安全性，原则上要求其在承载能力极限状态下的破坏，较其他构件不能先破坏。

节点结构根据其规模和施工性相应地被提出多种方案，并通过模型试验验证了其承载力、疲劳耐久性等。因此，混凝土板与钢桁管杆件连结处的节点形式，应充分考虑其结构特性、耐久性以及经济性。

节点部中作用来自钢桁架杆件的推压力和引拔力，以及来自混凝土板的轴向力，且在节点部位附近出现复杂的力学性能。此外，由混凝土构件和钢构件构成的节点，采用各式各样的结构，节点部位中的力的传递性能也随每个节点结构而不同。因此，布置于节点部位附近的混凝土板上的钢筋，根据已经实施的工程实例进行恰当的布置，保证使其不致损坏节点结构的功能及耐久性。

6.3　无横隔板的抗扭问题

钢桁腹 PC 组合梁通过节点结构结合混凝土构件与钢桁管杆件，为了让其功能在设计正常使用寿命期限内能充分发挥，工程应进行空间受力分析，保证结构在正常使用极限状态、承载能力极限状态以及疲劳极限状态下各个杆件的安全性[9,10]。

钢桁腹 PC 组合梁在施工过程中，由于收缩、徐变会产生难以预料的变形。而且，由于混凝土构件的施工形状误差和重量计算误差等，计划与实际的变形特性之间也会产生差异。特别是在悬臂法施工中，有必要对上述误差一边进行依次修正，一边推进施工，并要在最终合拢段中能够反映实际测量值的施工是必要的。因此，对于预拱度和施工误差的修正，建议将节点部设计为能简单追随的构造[11]。

钢桁架杆件与混凝土杆件节点的结合条件，必须根据节点结构中钢桁架杆件对弯曲的约束影响程度，合理确定。钢桁架杆件为埋入型节点结构或整体式节点结构时，通常轴力之外容易受到弯曲约束，所以钢桁架杆件与混凝土板节点的结合条件，基本上以刚性连接处理。但是，钢桁架杆件没有被埋入混凝土中等，对弯曲约束较小的节点结构，必须根据约束的影响程度，合理设定结合条件。

(1) 钢桁架构件的节点结构形式多样，其结合部的刚度随节点结构而不同，对其难以进行统一评价。因此，此处原则上认为节点部位是刚结的，并规定考虑轴向力、弯矩、剪力，以及扭矩的柱构件进行设计。但是节点结构是铰接构造，或能对刚度进行评价，可以考虑通过其他方法进行设计。

(2) 在节点部位中钢桁架杆件构造大致可以分为 2 大类。一种是将钢桁架杆件埋入混凝土构件中的类型，另一种是在钢桁架构件端部设置端板切断了与混凝土构件接触类型。钢桁架杆件端部的约束条件，根据是否将其埋入混凝土构件中，或桁架杆件的前端构造，或钢桁架杆件在引起屈曲的荷载状态下由节点损伤程度导致的屈曲形态而不同。因此，钢桁架构件在屈曲验算中的有效屈曲长度，考虑节点部位的构造和性能要进行适当的设定。

(3) 钢桁架杆件的设计过程中，有时通过受压构件内部填充混凝土形成组合结构，或在受拉构件内部布置预应力钢筋，降低板厚进行经济性设计的情况等。在设计这种构件时，将钢桁架杆件的附着或约束条件等与实际的结构进行对比，以能反映构件力学性能的设计方法进行设计。但是，内部填充混凝土时，钢桁架杆件的刚度会增大，影响包括混凝土板的主梁的力学性能。因此，要把钢桁架杆件刚度的影响反映到设计计算中的同时，有必要验算节点部的破坏形态[12]。

6.4　无体外索的抗弯剪问题

1. 概要

深圳大学 1 号桥纵贯深圳大学南北校区，起点位于北校区篮球场西北侧，顺接校园路，终点位于深圳大学南校区综合服务中心西侧，横跨白石路。主桥跨度布置 L，桥梁长度为 300m，如图 6.1 所示。主桥采用钢桁腹 PC 组合梁结构。全宽 10m，梁高 4m，双层桥面，上层设置机动车道，下层设置非机动车道和人行道，提高空间利用率，实现人车分流。

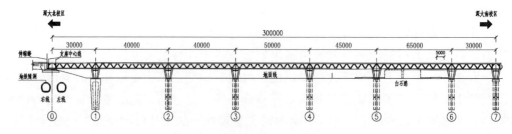

图 6.1　桥型布置图（单位 mm）

2. 设计要点

主梁为 7 跨长 300m 采用等截面钢桁腹 PC 组合连续梁结构，如图 6.2 所示，采用单箱单室截面，主梁顶宽为 10m，梁底宽为 7m，梁高为 4m，翼缘悬臂长为 2m，悬臂端厚度为 200mm，悬臂根部厚度为 700mm，顶板厚为 250mm，底板厚度为 250mm，顶、底板均采用 C60 混凝土，混凝土顶、底板纵向主筋和横向主筋均采用 HRB337，直径 16mm 的螺纹钢筋，锚下钢筋采用 HPB237，直径 10mm 光圆钢筋，图 6.3 和图 6.4 所示分别为桥台处主梁横断面图、跨中处主梁横断面。

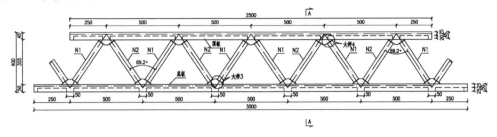

图 6.2　主梁节段立面构造图(单位 cm)

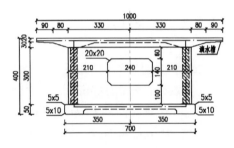

图 6.3　桥台处主梁横断面图

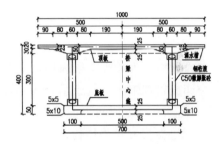

图 6.4　跨中处主梁横断面图

将传统的混凝土腹板改为钢管混凝土，桁腹腹杆采用三角形布置，节点间距 5m，桁管横截面采用直腹杆设计，倾斜角 77.4°，桁腹钢管及节点钢材均采用 Q347qC，钢管规格 $\Phi 400 \times 12$mm，支点处增加到 20mm 厚，对于受压桁腹钢管，在内部充填 C70 微膨胀混凝土以增大屈曲强度，对受拉桁腹采用预应力钢管混凝土。

桁腹与混凝土顶底板之间的连接是最重要的结合部位，要确保桥梁纵向水平剪力能够有效传递，同时要确保横截面各部分能够构成一体承担荷载。该工程的连接方式采用 Twin-PBL 健连接加抗剪栓钉的组合连接方式，同时在钢管外设置有加劲板，在钢管内设置钩头钢筋以增强节点的连接强度，如图 6.5、图 6.6 所示。

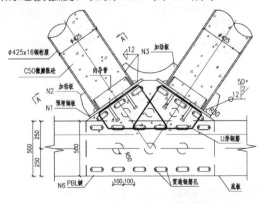

图 6.5　主梁节点立面构造图

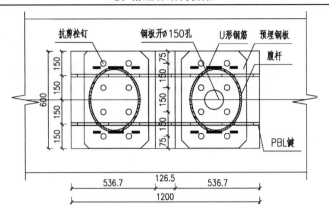

图 6.6　主梁节点平面构造图

6.5　钢管混凝土空间放射性 V 墩

在设计中，为减少主梁纵向弯矩与横向扭矩，提高主梁抗弯与抗扭性能，下部结构采用空间放射性钢管混凝土组合 V 形桥墩，V 墩主管规格 $\Phi800\times16$mm，内部充填 C70 微膨胀混凝土，墩顶间距横桥向为 4.87m，纵向 7.8m，墩底间距均为 2.7m。为加强 V 墩之间连接强度及整体稳定性，墩顶设置 6 根 $\Phi371\times12$mm 的钢管系梁，同时在主管内每隔 2m 设置一道加劲环。V 墩施工工艺：先在承台预埋地脚螺栓与预埋钢筋及法兰盘，定位钢板与地脚螺栓焊接。四根立柱通过法兰盘和系梁焊接，再整体吊装，安装就位后将地脚螺栓拧紧，最后将两块法兰盘焊接，之后 V 墩与主梁连接通过高强螺栓连接，V 墩构造图见图 6.7、图 6.8。

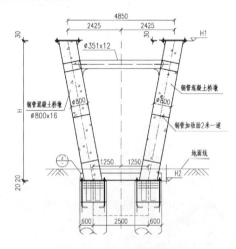

图 6.7　V 墩立面构造图

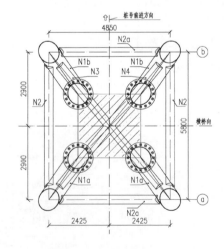

图 6.8　V 墩平面构造图

全桥预应力采用三向预应力布置，均为体内束，考虑到下层桥面也有行人通过，不设置体外索，纵向预应力钢束采用 $12\Phi^s17.2$，初始张拉应力 $0.72\sigma_{con}$，全桥通长布置，待达到混凝土设计强度后张拉，锚具采用与之相配套的锚具。横向预应力钢束采用 $3\Phi^s17.2$，

初始张拉应力 $0.67\sigma_{con}$，纵向间距 1m 布置一道，一边张拉一边锚固。出现受拉杆的腹杆设置预应力钢束[13,14]，钢束采用 $3\mathcal{C}^{s}17.2$，初始张拉应力 $0.67\sigma_{con}$。

6.6　理论计算分析

1. 主梁静力分析

对于主桥的结构分析和计算，采用 Midas/civil 207 计算软件，全桥模型共计 7064 个节点，6971 个单元。主梁顶、底板采用板单元进行模拟，顶板和底板厚度根据施工图纸均为 0.27m；与钢桁腹杆相连接的顶，底板变厚度区域采用虚梁，以便为车辆移动荷载设置车道线。

顶、底板的横向腹杆采用 SRC 组合截面，单元类型为梁单元，可以更好地模拟腹杆的拉弯和压弯特性，腹杆的混凝土由软件自动按照等强度等效原则换算为钢材。该模型通过在顶、底板与钢桁腹杆的相交节点间布置梁单元有效地考虑了实体桥梁结构顶板、底板横肋对主梁结构整体性的影响，同时横肋与钢桁腹杆在横桥向形成钢框，也考虑了整体结构模型横桥向的抗扭刚度，使得模型的整体分析结果更能接近实体结构的受力状态。横肋单元截面为 0.7m×0.7m。通过计算主桥的上部结构在各种工况下的受力，确定受力最不利的构件进行强度验算。图 6.9、图 6.10 所示为结构分析离散模型[15,16]。

图 6.9　结构分析正立面模型离散图

图 6.10　结构分析平面模型离散图

2. 节点计算分析

该桥梁结构采用 ABAQUS 通用有限元分析软件进行桥梁节点的非线性计算分析。此软件有相当丰富的并且能够模拟任何几何形状的单元库。同时 ABAQUS 还拥有非常强大的并且能够模拟大部分典型工程材料特性的材料模型库，其中包含金属、钢筋混凝土、复合材料以及土壤与岩石这类的地质材料等。ABAQUS/Standard 通用分析模块采用隐式分析求解器，可以有效地解决许多领域的线性与非线性问题，含静态分析、动态分析，以及随时间变化的大位移与接触分析等。

1）材料本构关系及模型假定

（1）混凝土的本构关系。

桥梁节点处的混凝土本构关系采用损伤塑性模型，该模型可以较好地模拟混凝土拉、压阶段不同强度的特性，其塑性参数取值见表 6.1。

表 6.1　混凝土塑性模型参数

ψ	ε	α_f	κ_c	μ
30	0.01	1.16	0.6667	0.0002

注：ψ 为膨胀角；ε 为偏移量参数；α_f 为双轴受压与单轴受压极限强度比；κ_c 为拉伸子午面上和压缩子午面上的第二应力不变量之比；μ 为黏性系数

（2）钢筋的本构关系。

桥梁节点处的钢板采用理想弹塑性模型，即屈服前为完全弹性的，屈服后的应力保持不变。这样可以保证结构实际工程分析的可靠性，同时又可以描述钢板塑性区域的发展趋势。钢板应力-应变关系的数学表达式为

$$\sigma_s = \varepsilon_s E_S, \quad 0 \leqslant \varepsilon_s \leqslant \varepsilon_y$$

$$\sigma_s = \sigma_y, \quad \varepsilon_s > \varepsilon_y$$

式中，σ_y 为屈服应力，ε_y 为屈服应变。

2）节点模型

该桥结构主梁为钢桁腹 PC 梁结构，主梁的上下弦为预应力钢筋混凝土板，腹杆为预应力钢管混凝土，桥梁结构整体受力时，在预应力钢管混凝土腹杆与预应力钢筋混凝土板节点处受力比较复杂，此节点区域的受力性能是否合理直接影响了桥梁结构的整体受力性能。所以分别建立主梁顶板节点模型（图 6.11）和主梁底板节点模型（图 6.12），节点钢板和混凝土均采用 ABAQUS 单元库 C3D8R 实体单元进行模拟。

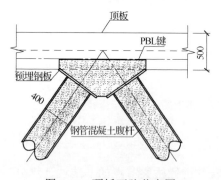

图 6.11　顶板下弦节点图

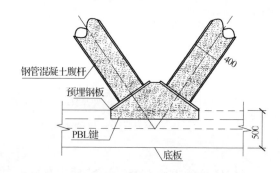

图 6.12　底板下弦节点图

主梁下弦节点的底板范围考虑 700mm 厚的顶板边缘的区域截面，底板跨中的范围由于与节点距离较远，在实际受力中影响节点区域范围较小，所以在下弦节点建模中不予考虑。主梁上弦节点的顶板范围考虑变截面的区域范围，具体详见图 6.13 和图 6.14 主梁上、下弦节点的几何模型。

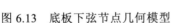

图 6.13　底板下弦节点几何模型　　　　图 6.14　顶板板下弦节点几何模型

节点模型采用集中力进行加载，节点模型构件强度验算所需的荷载大小是根据整体计算分析所得的最大受拉钢桁腹杆的轴向拉力来进行加载的。在进一步进行节点模型塑性区域开展的计算分析中，节点的加载大小原则是：当节点 PBL 钢板键受压腹杆一侧的应力进入塑性时，在节点模型的加载点所需的集中力的大小即所施加的荷载。加载点和边界条件如图 6.15、图 6.16 所示。

3) 下弦节点计算分析

经有限元计算分析表明，当荷载集中力加载到钢桁腹杆所受最大轴向拉力 F_1=4193kN 时，受拉腹杆的外包钢管拉应力大部分为 127MPa，小于 280MPa，仅钢管根部几处进入塑性，原因是钢桁腹杆节点根部预埋钢板受力变形不均而存在应力集中现象，由于塑性区域很小，同时在实际受力过程中节点根部钢管会存在内力重分布现象，所以可以满足承载能力要求。受压腹杆的外包钢管在节点根部的应力大部分为 81MPa，小于 280MPa，在受压腹杆钢管根部虽然存在应力集中现象，但并没有塑性区域产生。原因是节点处混凝土参与受压，所以预埋钢管变形较均匀使得应力集中程度不大[17-20]。

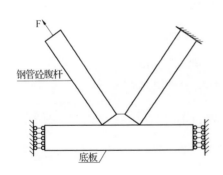

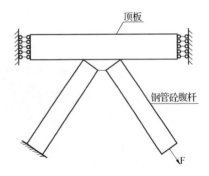

图 6.15　底板下弦节点边界条件　　　　图 6.16　顶板下弦节点边界条件

节点区域的 PBL 键承担了钢桁受拉和受压腹杆的同时作用，当集中荷载加载到 4193kN 时，与受拉腹杆相连接一侧钢板局部出现塑性区域，但塑性区域范围很小。与受压腹杆一侧相连接的钢板没有出现塑性区域。由于塑性区域开展范围并不大以及实际受力的内力重分布现象，所以 PBL 键强度满足要求，可以满足在实际受力中节点的整体受力性能，F_1 作用下的节点 Midas 应力云图如图 6.17～图 6.20 所示。

图 6.17　F_1 作用下下弦节点 Midas 应力云图（MPa）

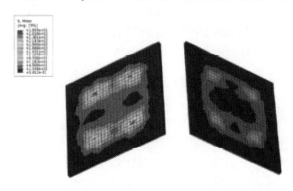

图 6.18　F_1 作用下下弦节点预埋钢板 Midas 应力云图（MPa）

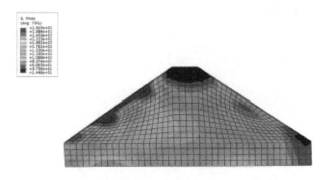

图 6.19　F_1 作用下下弦节点 PBL 键 Midas 应力云图（MPa）

图 6.20　F_1 作用下下弦节点 PBL 键局部塑性开展区域图

当荷载继续加载到 F_2=6300kN 时,受拉腹杆的外包钢管拉应力大部分为 217MPa,小于 280MPa,但钢管根部将近一半的区域进入塑性,受压腹杆的外包钢管在节点根部的应力大部分为 140MPa,小于钢材抗压强度设计值 280MPa,钢管内混凝土的压应力一般为 21MPa,小于混凝土的抗压强度设计值 23.1MPa。

下弦节点区域的 PBL 键与受压腹杆相连接的一侧此时开始进入塑性,但与受拉腹杆相连接的 PBL 键一侧钢板已经完全进入塑性状体,整个 PBL 键钢板的塑性区域占据了 PBL 键钢板面积的大部分,说明这时 PBL 键钢板已不再适合继续承载荷载。

计算分析表明,节点区域的 PBL 钢板键通过预埋钢板连接了受压腹杆和受拉腹杆,在拉、压腹杆共同的作用下,PBL 钢板键受力复杂,故为节点区域的最不利构件。节点模型在最大受拉腹杆的轴向拉力 F_1 作用下,PBL 钢板键应力基本上处于弹性阶段,仅在受拉腹杆一侧局部出现了很小范围的塑性区域。考虑到实际受力的内力重分配及预埋钢板的锚固钢筋受力作用,所以可以满足节点的整体承载能力要求[21]。

3. 结构计算分析

1)各工况下结构分析计算结果

由通过对结构整体分析之后初步可知第六跨的受力较其他跨不利,因此取其作为验算对象。

(1)恒载(一恒+二恒)作用下内力计算结果如图 6.21、图 6.22 及表 6.2 所示。

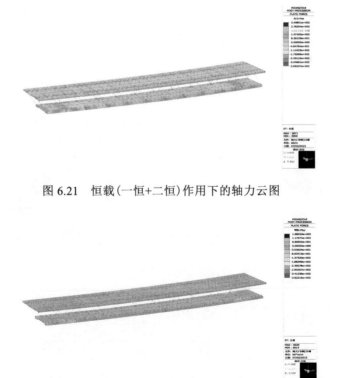

图 6.21 恒载(一恒+二恒)作用下的轴力云图

图 6.22 恒载(一恒+二恒)作用下的弯矩云图

表 6.2　恒载（一恒+二恒）作用下内力结果（单位宽度）

位置		轴力/kN	弯矩/(kN·m)	剪力/kN
0	顶板	−369.0	−72.2	42.5
	底板	267.9	−130.3	−43.2
L/4	顶板	−282.2	−88.6	39
	底板	−62.8	−75.6	75.9
L/2	顶板	240.9	−90.3	46.3
	底板	210.7	−64.1	91.4
3L/4	顶板	112.2	−107.4	50.3
	底板	335.1	−77.8	89.6
L	顶板	59	−105.6	−51.1
	底板	153.6	−159.7	71.9

（2）温度荷载作用下内力计算结果如图 6.23、图 6.24 及表 6.3 所示。

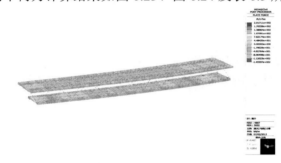

图 6.23　温度荷载作用下的轴力云图

图 6.24　温度荷载作用下的弯矩云图

表 6.3　温度荷载作用下内力结果（单位宽度）

位置		轴力/kN	弯矩/(kN·m)	剪力/kN
0	顶板	5.1	2.4	0.7
	底板	39.4	2.4	−4.7
L/4	顶板	−2.7	0.9	−0.3
	底板	−9.1	2.8	1.4
L/2	顶板	3.5	2.6	−0.7
	底板	14.2	5.3	−3.8

位置		轴力/kN	弯矩/(kN·m)	剪力/kN
3L/4	顶板	3.2	3.7	−1.2
	底板	−17.9	−6.9	−5.6
L	顶板	−12.5	−3.9	−1.2
	底板	65.5	−3.1	−6.3

（3）活动荷载作用下内力计算结果如图 6.25、图 6.26、图 6.27 及表 6.4 所示。

图 6.25　活动荷载作用下的轴力云图

图 6.26　活动荷载作用下的弯矩云图

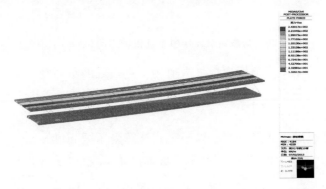

图 6.27　活动荷载作用下的剪力云图

表 6.4　活动荷载作用下内力结果(单位宽度)

位置		轴力/kN	弯矩/(kN·m)	剪力/kN
0	顶板	42.1	107.1	28.3
	底板	49	37.5	30.7
L/4	顶板	57	106.7	28.6
	底板	96.1	17.4	15.4
L/2	顶板	51.2	106.3	28.9
	底板	63.3	31.5	33.8
3L/4	顶板	56.7	106.9	28.7
	底板	97.7	17.2	16.9
L	顶板	42.1	107.4	28.3
	底板	48.7	35.3	30

2)顶板纵向配筋验算

顶板纵向受力分析内力详细结果如图 6.28、图 6.29 所示,配筋计算采用内力组合结果。

图 6.28　荷载组合Ⅳ作用下顶板弯矩图(单元局部坐标系)

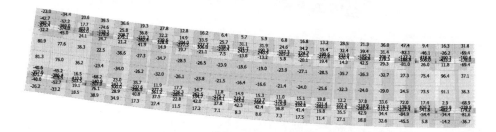

图 6.29　荷载组合Ⅳ作用下顶板轴力图(单元局部坐标系)

由内力计算结果可得顶板弯矩最大值为支点附近的负弯矩,其值为 $M_d = 411.8\text{kN·m}$。根据《公路钢筋混凝土及预应力混凝土桥涵设计规范》(JTG D62—2004)第 5.2.2 条和第 5.2.5 条验算顶板纵向配筋。

取单位宽度板进行计算,根据以下公式计算受压区高度 x

$$f_{sd}A_s + f_{pd}A_p = f_{cd}bx + f'_{sd}A'_s + (f'_{pd} - \sigma'_{p0})A'_p$$

根据设计取 $A_p = 3360\text{mm}^2$, $A'_p = 0$, $A_s = 3.141 \times 8^2 \times 10 = 2010.2\text{mm}^2$, $A'_s = 2010.2\text{mm}^2$

根据规范取 $f_{sd} = 280\text{MPa}$, $f'_{sd} = 280\text{MPa}$, $f_{pd} = 1260\text{MPa}$, $f_{cd} = 22.4\text{MPa}$

代入上式求得 $x = 276.9\text{mm} > 120\text{mm}$，　$x = 276.9\text{mm} < 0.56 \times 500 = 280\text{mm}$

则由下式计算 M_u

$$\gamma_0 M_d \leqslant f_{cd} b x \left(h_0 - \frac{x}{2} \right) + f'_{sd} A'_s (h_0 - a'_s) + (f'_{pd} - \sigma'_{p0}) A'_p (h_0 - a'_p)$$

其中 $h_0 = 500 - 60 = 440\text{mm}$，　$a_s = 60\text{mm}$，　$a'_s = 60\text{mm}$

则 $M_u = 2080.8\text{kN} \cdot \text{m} > \gamma_0 M_d = 452.9\text{kN} \cdot \text{m}$，验算结果表明该设计中顶板配筋满足要求。

3）底板纵向配筋验算

底板纵向受力分析内力详细结果如图 6.30、图 6.31 所示。

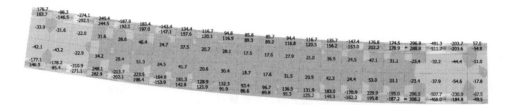

图 6.30　荷载组合Ⅳ作用下底板弯矩图（单元局部坐标系）

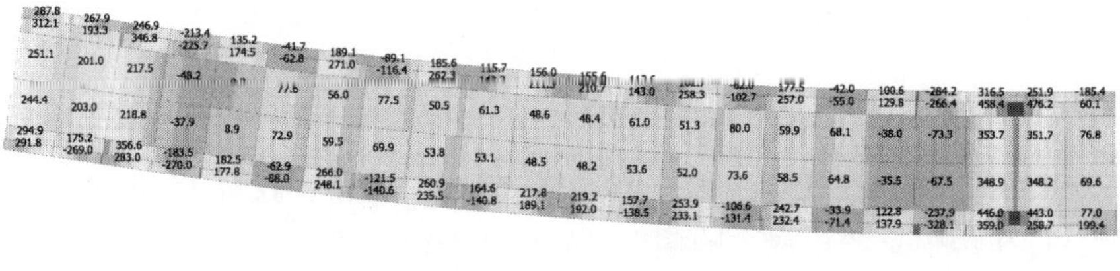

图 6.31　荷载组合Ⅳ作用下底板轴力图（单元局部坐标系）

由底板内力计算结果可得弯矩最大值为支撑附近的负弯矩，其值为 $M_d = 308.2\text{kN} \cdot \text{m}$。根据《公路钢筋混凝土及预应力混凝土桥涵设计规范》（JTG D62—2004）第 5.2.2 条和第 5.2.5 条验算底板纵向配筋。

取单位宽度板进行计算，根据以下公式计算受压区高度 x

$$f_{sd} A_s + f_{pd} A_p = f_{cd} b x + f'_{sd} A'_s + (f'_{pd} - \sigma'_{p0}) A'_p$$

根据设计取 $A_p = 3281\text{mm}^2$，$A'_p = 0$，$A_s = 3.141 \times 8^2 \times 10 = 2010.2\text{mm}^2$，$A'_s = 2010.2\text{mm}^2$

根据规范取 $f_{sd} = 280\text{MPa}$，$f'_{sd} = 280\text{MPa}$，$f_{pd} = 1260\text{MPa}$，$f_{cd} = 22.4\text{MPa}$

代入上式求得 $x = 184.5\text{mm} > 120\text{mm}$，$x = 184.5\text{mm} < 0.56 \times 500 = 280\text{mm}$

则由下式计算 M_u

$$\gamma_0 M_d \leqslant f_{cd} b x \left(h_0 - \frac{x}{2} \right) + f'_{sa} A'_s (h_0 - a'_s) + (f'_{pd} - \sigma'_{p0}) A'_p (h_0 - a'_p)$$

其中 $h_0 = 500 - 60 = 440\text{mm}$，　$a_s = 60\text{mm}$，　$a'_s = 60\text{mm}$

则 $M_u = 1485.7 \text{kN} \cdot \text{m} > \gamma_0 M_d = 339.02 \text{kN} \cdot \text{m}$，验算结果表明该设计中底板配筋满足要求。

4) 主梁横向配筋验算

模型采用杆件进行模拟，纵向宽度取 1m，顶底板之间的用虚拟撑杆进行连接。车辆荷载按规范取 96kN，两侧防撞护栏取 4.1kN，桥面铺装取 2.5kPa，人行道板取 3.3kPa，人群荷载取 3.5kPa。

荷载按正常使用极限状态进行组合，在该荷载组合作用下顶板横向受力弯矩图见图 6.32，轴力图见图 6.33，剪力图见图 6.34。

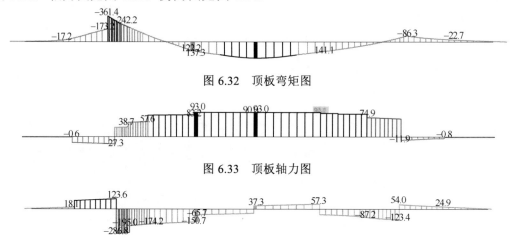

图 6.32　顶板弯矩图

图 6.33　顶板轴力图

图 6.34　顶板剪力图

根据《公路钢筋混凝土及预应力混凝土桥涵设计规范》(JTG D62—2004)第 5.2.2 条和第 5.2.5 条验算顶板横向配筋，取左侧负弯矩最大的截面(截面 1，亦为钢桁腹杆件与顶板的连接点)和跨中正弯矩最大的截面(截面 2)进行验算。

(1)截面 1 验算。

根据以下公式计算受压区高度 x

$$f_{sd}A_s + f_{pd}A_p = f_{cd}bx + f'_{sd}A'_s + (f'_{pd} - \sigma'_{p0})A'_p$$

根据设计取 $A_p = 420 \text{mm}^2$，$A'_p = 0$，$A_s = 3.141 \times 8^2 \times 10 = 2010.2 \text{mm}^2$，$A'_s = 2010.2 \text{mm}^2$

根据规范取 $f_{sd} = 280 \text{MPa}$，$f'_{sd} = 280 \text{MPa}$，$f_{pd} = 1260 \text{MPa}$

代入上式求得 $x = 20 \text{mm} < 120 \text{mm}$

则由下式计算 M_u

$$\gamma_0 M_d \leqslant f_{pd}A_P(h - a_p - a'_s) + f_{sd}A_s(h - a_s - a'_s) - (f'_{pd} - \sigma'_{p0})A'_p(a'_p - a'_s)$$

其中 $h = 699 \text{mm}$，$a_s = 60 \text{mm}$，$a'_s = 60 \text{mm}$，$a_p = 80 \text{mm}$

则 $M_u = 621.8 \text{kN} \cdot \text{m} > \gamma_0 M_d = 361.4 \text{kN} \cdot \text{m}$，截面 1 验算满足要求。

(2)截面 2 验算。

计算受压区高度 x

$$f_{sd}A_s + f_{pd}A_p = f_{cd}bx + f'_{sd}A'_s + (f'_{pd} - \sigma'_{p0})A'_p$$

根据设计取 $A_p = 840\text{mm}^2$ ， $A'_p = 0$ ， $A_s = 3.141 \times 8^2 \times 10 = 2010.2\text{mm}^2$ ， $A'_s = 2010.2\text{mm}^2$

根据规范取 $f_{sd} = 280\text{MPa}$ ， $f'_{sd} = 280\text{MPa}$ ， $f_{pd} = 1260\text{MPa}$

代入上式求得 $x = 40\text{mm} < 120\text{mm}$

则由下式计算 M_u

$$\gamma_0 M_d \leqslant f_{pd} A_P (h - a_p - a'_s) + f_{sd} A_s (h - a_s - a'_s) - (f'_{pd} - \sigma'_{p0}) A'_p (a'_p - a'_s)$$

其中 $h = 300\text{mm}$ ， $a_s = 60\text{mm}$ ， $a'_s = 60\text{mm}$ ， $a_p = 80\text{mm}$

则 $M_u = 270.7\text{kN} \cdot \text{m} > \gamma_0 M_d = 239.3\text{kN} \cdot \text{m}$ ，截面 2 验算满足要求。

综合截面 1 和截面 2 的验算，顶板横向配筋及预应力设置能满足承载力的要求，该设计顶板横向配筋合理。

底板受力的弯矩图见图 6.35，轴力图见图 6.36，剪力图见图 6.37。

图 6.35　底板弯矩图

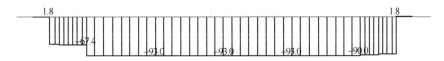

图 6.36　底板轴力图

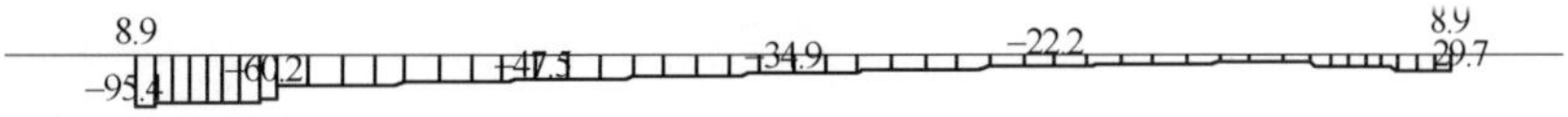

图 6.37　底板剪力图

计算受压区高度 x

$$f_{sd} A_s + f_{pd} A_p = f_{cd} bx + f'_{sd} A'_s + (f'_{pd} - \sigma'_{p0}) A'_p$$

根据设计取 $A_p = 420\text{mm}^2$ ， $A'_p = 0$ ， $A_s = 3.141 \times 8^2 \times 10 = 2010.2\text{mm}^2$ ， $A'_s = 2010.2\text{mm}^2$

根据规范取 $f_{sd} = 280\text{MPa}$ ， $f'_{sd} = 280\text{MPa}$ ， $f_{pd} = 1260\text{MPa}$

代入上式求得 $x = 20\text{mm} < 120\text{mm}$

则由下式计算 M_u

$$\gamma_0 M_d \leqslant f_{pd} A_P (h - a_p - a'_s) + f_{sd} A_s (h - a_s - a'_s) - (f'_{pd} - \sigma'_{p0}) A'_p (a'_p - a'_s)$$

其中 $h = 518\text{mm}$ ， $a_s = 60\text{mm}$ ， $a'_s = 60\text{mm}$ ， $a_p = 80\text{mm}$

则 $M_u = 424.1\text{kN} \cdot \text{m} > \gamma_0 M_d = 164.7\text{kN} \cdot \text{m}$ ，底板横向验算满足要求。

由以上结果可知，底板横向配筋及预应力设置能满足承载力的要求，该设计底板横向配筋合理。

由于支点处的内力要大于其他位置的截面的内力，故本设计中主梁其他位置的配筋亦满足要求。

5）主梁钢混组合腹杆验算

腹杆杆件受力拉应力最大为 2432 号杆件处，轴力大小为 F_x=2882.2kN，弯矩大小为 M_y=68.7kN·m，位置图如图 6.38 所示。

图 6.38　最大拉杆位置图

3046 号腹杆应力计算结果 σ = 106.3MPa < 220MPa，故该杆件截面验算满足要求。

腹杆杆件最大压应力杆为 5498 号杆件应力计算结果 σ = 111.6MPa < 220MPa，轴力大小为 F_x=−646.9kN，弯矩大小为 M_y=231.25kN·m，位置图如图 6.39 所示。

图 6.39　最大压杆位置图

第一联第五跨的钢桁腹在荷载组合Ⅳ作用下内力结果如图 6.40～图 6.42 所示。

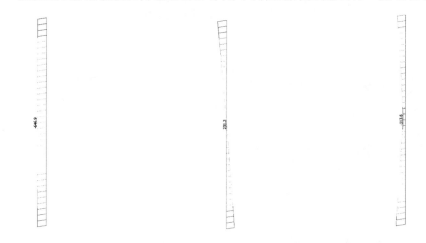

图 6.40　受力最不利压杆
在荷载组合Ⅳ作用下的
轴力图（单位 kN）

图 6.41　受力最不利压杆
在荷载组合Ⅳ作用下的
弯矩图（单位 kN·m）

图 6.42　受力最不利压杆
在荷载组合Ⅳ作用下的
应力图（单位 MPa）

压杆抗压承载力验算：

根据《钢管混凝土结构技术规程》（CECS 28—2012）第 4.1.2 条验算腹杆的承载力。

钢管混凝土套箍指标 $\theta = f_a A_a / f_c A_c = 300 \times 0.0128 / 23.1 \times 0.084 = 1.97$

则 $N_0 = f_c A_c (1 + \sqrt{\theta} + \theta) = 8.48$MN

弯矩对截面的偏心距 $e_0 = M_y / F_x = 0.025$m

$$e_0 / r_c = 0.025 < 1.55$$

$$\varphi_e = 1/(1+1.85\,e_0\,/\,r_c) = 0.955$$

又 $l_e/d > 4$，$\varphi_l = 1 - 0.115\sqrt{l_e/d-4} = 0.68$

故 $N_u = \varphi_e \varphi_l N_0 = 0.955 \times 0.68 \times 8.48 = 5.5\text{MN} > F_x = 646.9\text{kN}$

压杆稳定性验算：

腹杆的临界荷载按欧拉公式进行计算：$F_{CR} = \dfrac{\pi^2 EI}{(\mu L)^2}$，腹杆按一端固结一端为不移动

的铰接取长度因子 $\mu = 0.7$，$F_{CR} = \dfrac{\pi^2 \times 2.06 \times 10^8 \times 1.102 \times 10^{-3}}{(0.7 \times 4.1)^2} = 342965.5\text{kN}$

压杆稳定系数 $\mu = 342965.5/646.9 = 530 > 4$

故腹杆验算满足要求。

6) 顶板连接节点细部分析

计算模型中顶板顺桥向取 2m，横桥向取至中部截面厚度发生变化处，采用 6 节点和 8 节点实体模型，腹杆采用杆单元，腹杆与顶板的位置按实际相对位置进行连接。

荷载取用与整体计算时保持一致，车道荷载转换成均布荷载，按 6.3kPa 取用，横向预应力荷载采用节点荷载进行施加 $F_p = 1860 \times 0.75 \times 140/1000 = 195.3\text{kN}$；桥梁纵向预应力只是通过连接处，未在节点处锚固，且该预应力对横向受理有利，故不考虑纵向预应力作用。

图 6.43　应力计算结果图(局部)

忽略模型中荷载形状产生的集中应力影响后得到的应力计算结果为钢桁腹与顶板连接钢板最大应力 10.2MPa，该处相应的混凝土体应力为 6.5MPa；混凝土体最大应力处为翼缘板处预应力锚固点应力为 13.7MPa，应力计算结果如图 6.43 所示。

7) 主梁 V 型墩验算

第一联 V 型墩在荷载组合Ⅳ作用下内力结果如图 6.44、图 6.45、图 6.46 所示。

图 6.44 受力最不利 V 墩在   图 6.45 受力最不利 V 墩在   图 6.46 受力最不利 V 墩在
　　　荷载组合Ⅳ作用下的　　　　　　荷载组合Ⅳ作用下的弯　　　　　荷载组合Ⅳ作用下的应
　　　轴力图(单位 kN)　　　　　　　　矩图(单位 kN·m)　　　　　　　力图(单位 MPa)

V 型墩受压应力最大出现在 1 号墩单元为 2469 号杆件处,轴力为 $F_x = -4337.7\text{kN}$,弯矩为 $M_y = -111.2\text{kN·m}$。

2469 号 V 墩应力计算结果 $\sigma = 71.3\text{MPa} < 220\text{MPa}$,故该杆件截面验算满足要求。

压杆抗压承载力验算:

根据《钢管混凝土结构技术规程》(CECS 28—2012)第 4.1.2 条验算 V 墩的承载力。

钢管混凝土套箍指标 $\theta = f_a A_a / f_c A_c = 300 \times 0.0301 / 23.1 \times 0.4729 = 0.186$

则 $N_0 = f_c A_c (1 + \sqrt{\theta} + \theta) = 17.67\text{MN}$

弯矩对截面的偏心距 $e_0 = M_y / F_x = 0.025\text{m}$

$$e_0 / r_c = 0.48 < 1.55$$

$$\varphi_e = 1 / (1 + 1.85\, e_0 / r_c) = 0.955$$

又 $l_e / d > 4$, $\varphi_l = 1 - 0.115\sqrt{l_e / d - 4} = 0.78$

故 $N_u = \varphi_e \varphi_l N_0 = 0.955 \times 0.78 \times 17.67 = 13.16\text{MN} > F_x = 4337.7\text{kN}$

压杆稳定性验算:

V 墩的临界荷载按欧拉公式进行计算: $F_{CR} = \dfrac{\pi^2 EI}{(\mu L)^2}$, V 墩按一端固结一端为不移动的铰接取长度因子 $\mu = 0.7$, $F_{CR} = \dfrac{\pi^2 \times 2.06 \times 10^8 \times 2.23 \times 10^{-2}}{(0.7 \times 6.5)^2} = 2188405.7\text{kN}$

压杆稳定系数 $\mu = 2188405.7 / 4337.7 = 504 > 4$

故 V 墩验算满足要求。

8) 结构变形验算

荷载组合Ⅳ作用下，主梁位移计算结果见附件Ⅴ。

计算结果表明，主桥最大竖向位移发生在 123 号节点。竖向位移值为 22mm，为跨度的 l/2272<l/600，满足挠度要求。

以上表明，主梁刚度较大，结构变形较小。

6.7　工　程　应　用

深圳大学 1 号桥——首座双层桥面钢桁腹 PC 组合结构桥梁，图 6.47 所示。

图 6.47　深圳大学 1 号桥

深圳大学 1 号桥跨度布置 30+40+40+50+45+65+30+4×25+4×25=500m，主桥采用曲线钢桁腹 PC 组合梁新结构。双层桥面，上层宽 10m，下层宽 7m，主梁高 4.0m，上层设置机动车道，下层设置非机动车道和人行道，有效提高了城市空间利用率，实现了人车分流。

主桥结构特点：

(1) 采用双层桥面钢桁腹 PC 组合梁。主梁采用钢管混凝土桁腹，桥面板、底板为预应力混凝土板，压杆为钢管混凝土，拉杆或拉-压杆为预应力钢管混凝土。上层设置机动车道，下层设置非机动车道和人行道，实现人车分流。

(2) 采用钢桁腹 PC 组合梁无弦桁元法。通过 Twin-PBL 键与杆端承钢板的直接连接，形成了整体式组合节点。这种新型组合连接方式，解决了施工阶段构件离散、使用阶段节点疲劳等关键技术难题。

(3) 钢桁腹 PC 组合梁无体外预应力钢束。压杆内灌微膨胀混凝土，钢管混凝土桁腹拉杆施加预应力，具有三个方面作用：①降低拉杆的应力，②增强节点的连接，③满足主梁抗剪要求。结构简洁轻巧，造型美观大方。

(4) 采用空间放射性钢管混凝土组合桥墩。有效减少主梁纵向弯矩与横向扭矩，提高了主梁抗弯与抗扭性能，实现了全桥无横隔板，不影响非机动车和行人的正常通行，实现了实用、安全、经济、美观目标。

参 考 文 献

[1] 陈宝春. 钢管混凝土拱桥设计与施工. 北京：人民交通出版社，2002. 72-77.

[2] 尹书军. 沪杭客运专线跨沪杭高速公路特大桥(88+160+88)m 自锚上承式拱桥设计. 铁道标准设计，2007，(7)：77-60.

[3] 徐君兰. 大跨度桥梁施工控制. 北京：人民交通出版社，2000. 22-27.

[4] 张联燕，李泽生，程懋方，等. 钢管混凝土空间桁架组合梁式结构. 北京：人民交通出版社，2001. 11-16.

[5] 周念先. 桥梁方案比选. 2 版. 上海：同济大学出版社，1997. 41-46.

[6] 和丕壮. 桥梁美学. 北京：人民交通出版社，1999. 167-168.

[7] 陈宝春，孙潮，陈友杰. 桥梁转体施工方法在我国的应用与发展. 公路交通科技，2001，(2)：24-28.

[8] 张联燕，程懋方，谭邦明，等. 桥梁转体施工. 北京：人民交通出版社，2002. 121-126.

[9] 黄卿维，陈宝春. 日本前谷桥的设计与施工. 福建建筑，2007，(1)：78-62.

[10] Zou Y S, Shan R S. The determination of jacking force for closure of continuous rigid frame bridge. Journal of Chongqing Jiaotong Instiue, 2006, (2): 12-17.

[11] 赵玲，庄勇. 无锡市金匮桥总体设计与结构特色. 桥梁建设，2007，(7)：64-66.

[12] Li Y L, Zhou W. Calculation methods and meshanical behavior analysis of jacking force for closure of continuous rigidframe bridge. Technology&Economy in Areas of Communications, 2007, (7): 6-8.

[13] Zhang X D, Zhan H, Shu H B, et al. Research of closure construction techniques for long-span prestressed concrete continuous girder bridge. Bridge Construction, 2007, (2): 63-66.

[14] Wen W S. Construction control of continuous rigid frame structure of auxiliary bridge of sutong-bridge. Construction, 2008, (4): 67-69.

[15] 肖海珠，刘承虞，易伦雄. 南京大胜关长江大桥铁路钢桥面设计与研究. 桥梁建设，2009，(4)：9-12.

[16] Chen H B, Chen Q, Wang F, et al. Pushing effect analysis and scheme design of closure of long span continuous rigid-frame bridges. Highway, 2009, (7): 209-211.

[17] Chen W Z, Wang Z P, Xu J. Awim method used for steel truss bridge. Bridge Construction, 2009, (4): 72-77.

[18] Wang C S, Chen A R, Chen W Z. Assessment methods of remaining fatigue life and service safety of riveted steel bridges. Journal of Tongji Unoversity (Natural Science), 2006, 34(4): 461-466.

[19] 潘东发，李军堂. 南京大胜关长江大桥钢梁安装方案研究. 桥梁建设，2007，(3)：7-8.

[20] 门智杰. 广州市内环路钢梁吊装施工技术. 桥隧机械&施工技术，2007，(7)：64-66.

[21] Kiviluoma R. Coupled-mode buffeting and flutter analysis of bridge. Computers & Structures, 1998, (70): 219-229.

第7章　钢管混凝土索–桁组合拱桥

7.1　概　　述

拱桥是以受压为主的结构，充分利用了材料抗压强度高、抗拉强度低的特点。但拱桥在跨径增大的同时，也带来了一系列的问题。为了增加拱桥结构的承载力和跨径，增大拱上构造与主拱圈的组合作用，将桁式组合结构引入拱桥是合理的。

7.1.1　钢筋混凝土桁架拱桥

桁架拱桥是将桁架引入拱桥，即把一般拱桥的传力构件(拱上建筑)与承重构件(拱肋)连成整体桁架，充分发挥各部分构件的作用，因而结构刚度大、自重小、用钢量少。

20 世纪 80 年代，同济大学桁架拱桥课题研究组对其进行了系统的研究，不少规范、手册和专著都有相关研究成果[1]。在其推动下全国公路系统修建了不少桁架拱桥，同时在水利部门的渡槽设计中也得到了推广。

桁架拱桥采用整体浇筑、整体吊装的施工方案，限制了其跨径的发展，同时由于采用钢筋混凝土结构，在一些受拉、受弯和刚性节点部位仍难免出现裂缝。

7.1.2　预应力混凝土桁式组合拱桥

将桁架悬臂施工技术引入桁架拱桥，并为了减小温度应力而在上弦某处设置一条断缝，使得桥梁受力介于梁式桥和拱式桥之间，形成了一种新桥型——桁式组合拱桥[2]。

1981 年修建了第一座预应力混凝土桁式组合拱桥——主跨 85m 的长岩大桥。通过对其进行系统的研究，在全国修建了 40 余座，其中最大跨径的为 1995 年建成的跨径 330m 的贵州江界河大桥，目前该桥也是混凝土桁式拱桥中的最大跨径。

桁式组合拱桥的实践，需要研究桁式组合拱桥的悬拼工艺，解决人字桅杆吊机的移动难题，对其受力特点、计算方法、经济分析、稳定和振动等方面进行研究。大量的大跨径预应力混凝土桁式组合拱桥设计，静载、动载试验和静力、节点、风洞等模型试验，积累了大量的数据和经验[3]。

随着车辆荷载的增大，预应力混凝土桁式组合拱桥出现了一些问题，主要表现为杆件节点部位和空实腹交接部位产生了裂缝，个别桥梁因为刚度不够而出现跨中挠度偏大的情况。目前该种桥型二、三类桥梁超过 50%[4]。

通过对桁式组合拱桥病害成因和加固方法的研究，在广泛调研的基础上，从桁式组合拱桥病害成因分析、加固方法研究和设计施工技术改进等三个方面进行研究，以消除桥梁安全隐患，确保桥梁的承载力和耐久性，保证其在营运期内具有良好的使用性及可靠的安全性，延长桥梁的使用寿命，减少和节约运营维护成本。

7.2 索-桁组合拱桥基本原理

7.2.1 钢管混凝土桁式索-桁组合拱桥

在研究预应力混凝土桁式组合拱桥和钢管混凝土拱桥的基础上，1999 年首次提出了钢管混凝土索-桁拱桥的新构思。为了解决桁式组合拱桥的裂缝问题将钢筋混凝土箱型置换为钢管混凝土和钢结构，同时保留了桁式拱桥的悬拼施工工艺和上弦结构断缝，并使用斜拉索替代预应力混凝土拉杆进行索力调整，引起整个桥型在结构体系、施工控制、计算理论等方面的变化，因此称为钢管混凝土索-桁拱桥[5]。此种拱桥使用桅杆吊机进行悬臂拼装，并且在施工中吊装空钢管，成拱后再灌注混凝土；因而在构件运输、吊装难度方面大大减小，悬挂质量大幅减小，锚碇变得更加容易和安全；同时还可以通过调整索力来简化施工；这些特点使之特别适合 V 形山谷地域的桥梁建设。

2003 年湖南建成了首座钢管混凝土索-桁拱桥——跨径 125m 的天子山大桥。工程实践表明，此种桥型在 V 形山谷地域相对悬索桥、斜拉桥、一般拱桥和连续刚构桥梁来说，施工容易、造价低，具有经济技术优势。我国是个多山的国家，在实现交通现代化的过程中，钢管混凝土索-桁拱桥以其适合山谷建桥的特点有着应用前景。

7.2.2 国内外研究现状

钢管混凝土索-桁拱桥是新出现的结构,国外没有对其研究;国内对其恒载结构特性、索力调整理论和结构动力特性方面进行了研究,形成了初步的成果。

使用桥梁博士软件和 ANSYS 有限元软件对桁式索-桁拱桥的恒载特性进行计算分析，比较无铰拱(无斜拉索)、索-桁拱桥(柔性拉索)和桁式拱(刚性拉杆)三种桥型的恒载作用下的变形和内力特点[6,7]。研究表明：索-桁拱桥是介于无铰拱和桁式组合拱之间的一种特殊桥梁结构型式，并且是以拱受力为主；拱顶成为结构控制性受力截面，其弯矩和挠度都比较大。通过是否在上弦设置断缝，来研究其对结构的影响，分析结果显示：由于上弦断开减少了约束，明显地降低了结构温度内力(对上弦轴力影响最大)，但对恒载作用下内力影响不大，是由于上弦断缝设置在主拱圈弯矩零点附近。通过主动调整索力大小对结构的影响方面分析结果表明，索力调整可以使得主拱圈弯矩均匀，达到受力合理。

对钢管混凝土索-桁拱桥的成桥状态的索力调整进行探索，以恒载拱肋弯矩分布为控制目标变量，以斜拉索索力为控制优化变量，使用影响矩阵法，确定钢管混凝土桁式索-桁拱桥成桥状态下的合理索力。天子山大桥的索力优化结果表明，在一次落架工况下，钢管混凝土索-桁拱桥的最优索力表现为从拱脚到拱顶索力逐渐下降的趋势[8]。通过计算分析，为该桥型的索力调整提供了思路，但是没有研究该桥型各施工阶段如何进行索力调整。

使用 ANSYS 有限元软件对钢管混凝土桁式索-桁拱桥进行动力分析，使用 BEAM4

空间梁单元模拟拱肋、立柱、上弦和横梁，使用 LINK10 杆单元模拟斜拉索，使用三主梁模型建立有限元模型，计算各种工况下的自振频率[9]。

研究结果表明：随着索力的增加，结构的自振频率会有少量的增加；索-桁拱桥的自振频率明显比无铰拱大；混凝土弹性模量的增加显著加大了索-桁拱桥的自振频率；横撑的数量和位置对拱肋的动力特性影响明显；桥面系横向刚度对全桥横向刚度有一定影响；钢管混凝土索-桁组合拱桥的汽车冲击效应明显。

采用平面杆系有限单元法计算了钢管桁式索-桁拱桥的各施工阶段的内力和位移，为天子山大桥的设计和施工提供了参数[10]。天子山大桥进行了模型试验，分别对施工过程和全桥进行静载试验，并采用模态分析的方法进行了全桥振动试验，并得出了相应的结论。但是没有从理论角度进行探讨，更没有说明桁式索-桁拱桥和桁式组合拱桥结构上的差异和造成这些差异现象的本质。

7.3　索-桁组合拱桥计算分析

将一种或多种简单桥梁结构体系通过一定的方式进行组合，所得到的桥梁结构型式一般称为组合体系桥梁，如桁梁组合体系、拱梁组合体系、桁拱组合体系、斜拉-拱组合体系、悬索-拱组合体系、斜拉-悬索组合体系等。组合体系桥梁综合了多种结构体系的优势，是未来桥梁结构型式发展方向。

组合体系桥梁的计算理论和方法有很多，除了常用的有限元方法，提出了变形协调法。变形协调法将组合结构拆分成若干个子结构，从能量守恒原理出发，利用结构的变形协调关系，最终分析出子结构之间的内力关系。该方法力学概念清晰，但使用级数表达位移关系较复杂。现使用柔度矩阵为表达形式，以边界内力平衡和位移协调为条件，得出组合体系桥梁结构的一般计算原理。

7.3.1　组合体系桥梁一般计算原理

组合体系结构一般多由若干个简单力学体系组成，各体系之间通过一系列边界点互相连接，在这些边界连接点上满足力的平衡和位移协调条件，运用力法基本原理，对这些边界连接点未知力进行求解，进而分析清楚各体系之间的相互作用，为科学客观的判断体系组合情况提供依据。具体分析如下。

将组合体系结构划分为若干个简单体系 $(A, B, C, \cdots, M)$，各体系之间有 $m-1$ 个边界，分别命名为 A_1，B_1，B_2，C_1，C_2，$\cdots$，M_{m-1} 边界。在每个边界上有互相平衡的未知力 $F_i^{A1}, F_j^{B1}, F_k^{B2} \cdots, (i, j, k = 1, 2, 3, \cdots)$，并且每相邻的体系在其连接边界上满足位移协调条件，根据力的平衡条件和边界的位移协调条件列出力法矩阵方程组，编写程序求解边界上的未知力。将未知力施加在各体系，进而得出各体系内部的力学关心值。求解步骤如下。

步骤 1：对简单体系进行力学分析，计算荷载在各简单体系上产生的位移值：

$\Delta_{iP}^{A1} (i = 1, 2, 3, \cdots, n)$ ——外荷载作用在 A 体系时，在 A 体系 A_1 边界各连接点处的位移（假设外荷载 P 只作用在 A 体系上）。

$\delta_{ij}^{A1}(i,j=1,2,3,\cdots,n)$ —— F_j 方向单位力 $\overline{F_j}$ 作用在 A 体系时，在 A_1 边界上 i 连接点 F_i 方向的位移。

$\delta_{ij}^{B1}(i,j=1,2,3,\cdots,n)$ —— F_j 方向单位力 $\overline{F_j}$ 作用在 B 体系时，在 B_1 边界上 i 连接点 F_i 方向的位移。

$\delta_{ij}^{B2}(i,j=1,2,3,\cdots,n)$ —— F_j 方向单位力 $\overline{F_j}$ 作用在 B 体系时，在 B_2 边界上 i 连接点 F_i 方向的位移。

$\delta_{ij}^{Mm-1}(i,j=1,2,3,\cdots,n)$ —— F_j 方向单位力 $\overline{F_j}$ 作用在 M 体系时，在 $m-1$ 边界上 i 连接点 F_i 方向的位移。

步骤 2：外荷载 P 和 A_1 边界未知力 F_i^{A1} 在 A 体系 A_1 边界各连接点处产生的位移

$$\left.\begin{aligned}
\Delta_1^{A1} &= \delta_{11}^{A1}F_1 + \delta_{12}^{A1}F_2 + \cdots + \delta_{1i}^{A1}F_i + \cdots + \delta_{1n}^{A1}F_n + \Delta_{1P}^{A1} \\
\Delta_2^{A1} &= \delta_{21}^{A1}F_1 + \delta_{22}^{A1}F_2 + \cdots + \delta_{2i}^{A1}F_i + \cdots + \delta_{2n}^{A1}F_n + \Delta_{2P}^{A1} \\
&\vdots \\
\Delta_i^{A1} &= \delta_{i1}^{A1}F_1 + \delta_{i2}^{A1}F_2 + \cdots + \delta_{ii}^{A1}F_i + \cdots + \delta_{in}^{A1}F_n + \Delta_{iP}^{A1} \\
&\vdots \\
\Delta_n^{A1} &= \delta_{n1}^{A1}F_1 + \delta_{n2}^{A1}F_2 + \cdots + \delta_{ni}^{A1}F_i + \cdots + \delta_{nn}^{A1}F_n + \Delta_{nP}^{A1}
\end{aligned}\right\} \tag{7-1}$$

写成矩阵的形式，则为

$$\begin{pmatrix}\Delta_1^{A1}\\\Delta_2^{A1}\\\vdots\\\Delta_n^{A1}\end{pmatrix}=\begin{pmatrix}\delta_{11}^{A1}&\delta_{12}^{A1}&\cdots&\delta_{1n}^{A1}\\\delta_{21}^{A1}&\delta_{22}^{A1}&\cdots&\delta_{2n}^{A1}\\\vdots&\vdots&&\vdots\\\delta_{n1}^{A1}&\delta_{n2}^{A1}&\cdots&\delta_{nn}^{A1}\end{pmatrix}\begin{pmatrix}F_1^{A1}\\F_2^{A1}\\\vdots\\F_n^{A1}\end{pmatrix}+\begin{pmatrix}\Delta_{1P}^{A1}\\\Delta_{2P}^{A1}\\\vdots\\\Delta_{nP}^{A1}\end{pmatrix} \tag{7-2}$$

将式(7-2)简写为

$$\underline{\Delta}^{A1}=\underline{\delta_{fa1}^{A1}}\underline{F}^{A1}+\underline{\Delta_P^{A1}} \tag{7-3}$$

式中，$\underline{\Delta}^{A1}$ 为 A 体系在 A_1 边界上的位移矩阵；$\underline{F}^{A1}$ 为 A 体系 A_1 边界未知力矩阵；$\underline{\delta_{fa1}^{A1}}$ 为 $\underline{F}^{A1}$ 对 A 体系 A_1 边界柔度矩阵；$\underline{\Delta_P^{A1}}$ 为 A 体系体系 A_1 边界的外荷载位移矩阵。

步骤 3：B_1 边界未知力 F_i^{A1} 和 B_2 边界未知力 F_i^{B2} 在 B 体系 B_1 边界各连接点处产生的位移为

$$\underline{\Delta}^{B1}=\underline{\delta_{fb1}^{B1}}\underline{F}^{B1}+\underline{\delta_{fb2}^{B1}}\underline{F}^{B2} \tag{7-4}$$

式中，$\underline{\Delta}^{B1}$ 为 B 体系在 B_1 边界上的位移矩阵；$\underline{F}^{B1}$ 为 B 体系 B_1 边界未知力矩阵；$\underline{\delta_{fb1}^{B1}}$ 为 $\underline{F}^{B1}$ 对 B 体系 B_1 边界的柔度矩阵；$\underline{F}^{B2}$ 为 B 体系 B_2 边界未知力矩阵；$\underline{\delta_{fb2}^{B1}}$ 为 $\underline{F}^{B2}$ 对 B 体系 B_2 边界的柔度矩阵。

步骤 4：分析边界 1。

A 和 B 两个体系通过边界 1 相连，因此满足力的平衡条件和位移协调条件：

$$\begin{cases} F^{A1} = F^{B1} \\ \Delta^{A1} = \Delta^{B1} \end{cases} \tag{7-5}$$

将式(7-3)、式(7-4)代入式(7-5)，即可得到矩阵方程。

步骤 5：分析其他各边界。

对 2 边界有

$$\begin{cases} \Delta^{B2} = \delta_{fb1}^{B2} F^{B1} + \delta_{fb2}^{B2} F^{B2} \\ \Delta^{C2} = \delta_{fc2}^{C2} F^{C2} + \delta_{fd3}^{C2} F^{D3} \\ F^{B2} = F^{C2} \\ \Delta^{B2} = \Delta^{C2} \end{cases} \tag{7-6}$$

对 3 边界有

$$\begin{cases} \Delta^{C3} = \delta_{fc2}^{C3} F^{C2} + \delta_{fc3}^{C3} F^{C3} \\ \Delta^{D3} = \delta_{fd3}^{D3} F^{D3} + \delta_{fd4}^{D3} F^{D4} \\ F^{C3} = F^{D3} \\ \Delta^{C3} = \Delta^{D3} \end{cases} \tag{7-7}$$

对 $m-1$ 边界有

$$\begin{cases} \Delta^{M_{m-1}} = \delta_{fM_{m-2}}^{M_{m-1}} F^{M_{m-2}} + \delta_{fM_{m-1}}^{M_{m-1}} F^{M_{m-1}} \\ \Delta^{M_{mn1}} - \delta_{fM_{m-1}}^{M_{mn1}} F^{M_{mn1}} \\ F^{M_{m-1}} = F^{M_{m-1}} \\ \Delta_{m-1} = \Delta^{M_{m-1}} \end{cases} \tag{7-8}$$

步骤 6：求解耦合方程组(7-5)、式(7-6)、式(7-7)、式(7-8)，得出各边界未知力向量。

步骤 7：将各边界未知力向量作为外力施加在各简单体系，得出各结构的力学关心值。

7.3.2　索-桁拱桥计算原理

1. 基本体系划分

基于组合体系桥梁的一般计算原理，将索-桁拱桥拆为三个简单受力体系的组合，如图 7.1 所示。

(1)无铰拱受力体系：以索-桁拱桥下弦抗弯能力 EI 构成的三次超静定体系，其上方和桁架体系以节点相连。

(2)弹性支承连续梁受力体系：以索-桁拱桥上弦的抗弯能力 EI 构成的一次超静定体系，其下方和桁架体系以节点相连。

(3)桁架受力体系：以索-桁拱桥上弦和下弦的抗压能力 EA 构成的内部静定外部三次超静定的受力体系，其上方与弹性支承连续梁以节点相连，下方与无铰拱受力体系以节点相连。

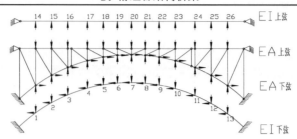

图 7.1　索-桁拱桥组合体系原理

在各体系连接点处，存在体系之间的相互作用力，并且该系列作用力满足力的平衡条件和位移协调条件，进而使得结构始终成为整体。

2. 基本假定

为了简化分析，结构满足以下假定：

(1)结构满足线性叠加原理，忽略结构的几何非线形和材料非线形效应。

(2)组合结构的上弦抗弯性能只在梁式体系中发挥作用，抗压性能只在桁架体系中发挥作用。

(3)组合结构下弦抗弯性能只在无铰拱体系中发挥作用，抗压性能只在桁架体系中发挥作用；

(4)同一根杆件内力大小为其在两个体系中内力的叠加，忽略由此引起的轴向力与挠度产生非线形的影响。

3. 矩阵方程组的建立

由组合体系桥梁结构一般计算原理可知，在连续梁与桁架体系的连接边界和桁架与无铰拱体系的连接边界上，满足力的平衡条件和位移协调条件，运用相关公式，可以建立索-桁拱桥组合体系桥梁矩阵方程组。

令连续梁、桁架和无铰拱分别为 A、B、C 体系，连续梁与桁架的接缝为边界 1、桁架与无铰拱的接缝为边界 2；未知力 F_y 以向下为正，F_x 以向右为正。

连续梁体系在边界 1 上的位移可表达为

$$\underline{\Delta}_{A1} = \underline{\Delta}_{A1}^P + \delta_{A1f1}(-\underline{F}_1) \tag{7-9}$$

桁架体系在边界 1 上的位移可表达为

$$\underline{\Delta}_{B1} = \delta_{B1f1}\underline{F}_1 + \delta_{B1f2}(-\underline{F}_2) \tag{7-10}$$

式中，$\underline{\Delta}_{A1}$ 为连续梁体系在边界 1 各连接点的位移列向量；$\underline{\Delta}_{A1}^P$ 为外荷载作用在连续梁体系上时引起边界 1 各连接点的位移列向量；$\underline{F}_1$ 为连续梁体系和桁架体系的相互作用力列向量；δ_{A1f1} 为单位 $\underline{F}_1$ 对连续梁体系边界 1 各点的位移影响矩阵；$\underline{\Delta}_{B1}$ 为桁架体系在边界 1 上各连接点的位移列向量；$\underline{F}_2$ 为桁架体系和无铰拱体系的相互作用力列向量；$\underline{\delta}_{B1f1}$ 为

单位 F_1 对桁架体系在边界 1 各点的位移影响矩阵；δ_{B1f2} 为单位 F_2 对桁架体系在边界 1 各点的位移影响矩阵。

由位移协调条件可知

$$\Delta_{A1} = \Delta_{B1} \tag{7-11}$$

将式(7-9)、式(7-10)代入式(7-11)，得

$$\Delta_{A1}^P - \delta_{A1f1}F_1 = \delta_{B1f1}F_1 - \delta_{B1f2}F_2 \tag{7-12}$$

同理，桁架体系在边界 2 上的位移可表达为

$$\Delta_{B2} = \delta_{B2f1}F_1 + \delta_{B2f2}(-F_2) \tag{7-13}$$

无铰拱体系在边界 2 上的位移可表达为

$$\Delta_{C2} = \delta_{C2f2}F_2 \tag{7-14}$$

式中，Δ_{B2} 为桁架体系在边界 2 各连接点的位移列向量；δ_{B2f1} 为单位 F_1 对桁架体系边界 2 各点的位移影响矩阵；δ_{B2f2} 为单位 F_2 对桁架体系边界 2 各点的位移影响矩阵；Δ_{C2} 为无铰拱体系在边界 2 各连接点的位移列向量；δ_{C2f2} 为单位 F_2 对无铰拱体系在边界 2 各点的位移影响矩阵。

由位移协调条件可知

$$\Delta_{B2} = \Delta_{C2} \tag{7-15}$$

将式(7-13)、式(7-14)代入式(7-15)，得

$$\delta_{B2f1}F_1 - \delta_{B2f2}F_2 = \delta_{C2f2}F_2 \tag{7-16}$$

联立式(7-12)、式(7-16)，组成方程组，即可求得各体系之间的相互作用力 F_1 和 F_2。为了建立上述方程组，需求解各体系的柔度矩阵，因而必须无铰拱体系、桁架体系和梁式体系的进行分析。

7.3.3　矩阵方程的求解

前述方法和方程，详细分析和计算了无铰拱体系柔度矩阵 δ_{C2f2}、桁架体系柔度矩阵 δ_{B1f1}、δ_{B2f1}、δ_{B1f2}、δ_{B2f2} 和梁式体系柔度矩阵 δ_{A1f1}，将其结果代入式(7-12)、式(7-16)可得矩阵方程组：

$$\begin{cases} \Delta_{A1}^P - \delta_{A1f1}F_1 = \delta_{B1f1}F_1 - \delta_{B1f2}F_2 \\ \delta_{B2f1}F_1 - \delta_{B2f2}F_2 = \delta_{C2f2}F_2 \end{cases} \tag{7-17}$$

方程(7-17)为矩阵方程组，其求解方法可以借助 MATLAB 软件进行数值计算求解。

7.4　索-桁组合拱桥设计

7.4.1　工程概况

湖南省永连公路上某大型桥梁，跨越高、宽为 80m 左右的"V"型大峡谷，如图 7.2 所示。

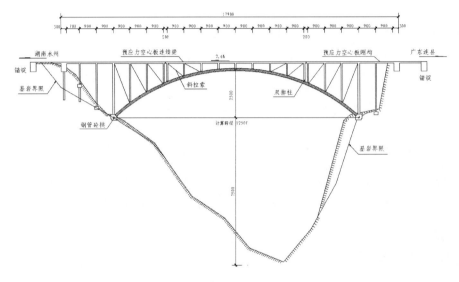

图 7.2　天子山桥型图

桥型结构：主孔为钢管混凝土拉索组合拱，计算跨径 L=125m，矢高 f=25m，矢跨比 f/L=1/5，桥宽净(11+2×0.5)m，单向纵坡 2.6%。

孔径布置：两岸边孔分别为(10+2×9)m 和(9+10)m 连续刚构，全桥孔跨布置为 (10+2×9+125+9+10)m，全长 182m。

桁拱形式及节间单元：主孔共 14 个节间，长度为(5×9+4×8.85+5×9)m，其中：两岸各五个节间为斜拉杆式桁架；中部不设实腹段，由下弦、竖杆(立柱)及支撑其上的上弦连续梁组成。两岸上弦在第三、第四节间之间断开，形成断缝。

设计荷载：汽车 20，挂车 100。

上弦：上弦截面由预制边肋、现浇中板和悬臂板组成，全宽 12m。边肋和中板均为圆孔空心截面，两边肋各设 2Φ40cm 圆孔，中板设 9Φ40cm 圆孔。

拱肋形式：拱轴线为悬链线，m=1.168。拱肋采用哑铃形截面，高 200cm，宽 100cm。单肋截面由两根 Φ1000×12mm 钢管组成，中部用 δ=12mm 竖向连接板作腹板。

横撑：在钢管拱节点位置两拱肋间设置 Φ800×8mm 钢管横撑，全桥共 15 道，横撑为空钢管，不灌注混凝土。

主要材料：下弦主拱为钢管混凝土，钢管采用 16Mn 钢，钢管内泵送 C50 微膨胀混凝土填充；上弦为预应力 C50 混凝土；横撑钢管钢材为 16Mn 钢；斜杆采用 85Φ8mm 平行钢丝拉索；其他构件包括 A 型横梁、B 型横梁、竖杆及桥墩均采用 C40 普通钢筋混凝土，各构件截面详见图 7.3。

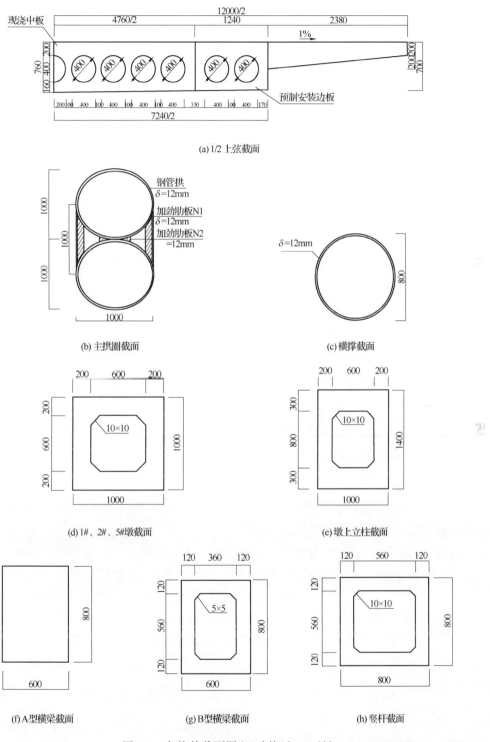

图 7.3　各构件截面图(尺寸均以 mm 计)

7.4.2 索-桁拱桥施工阶段计算分析

1. 施工阶段结构体系的划分

索-桁拱桥施工阶段过程较多,如表 7.1 所示。在 8 个施工阶段中存在多种体系转换过程。经过汇总分析,对其施工过程可按结构受力图式进行四个体系划分,即悬臂桁架受力体系(第 2~6 施工阶段)、三次超静定桁架体系(第 7~10 施工阶段)、桁架-无铰拱受力体系(第 11 施工阶段)、连续梁-桁架-无铰拱受力体系(第 12、13 施工阶段),详见表 7.1。

表 7.1 索-桁拱桥施工顺序表

阶段号	施工内容	结构体系
1	形成两岸边孔	无
2	安装主孔第一段桁片	悬臂桁架体系
3	安装主孔第二段桁片	
4	安装主孔第三段桁片	
5	安装主孔第四段桁片	
6	安装主孔第五段桁片	
7	安装合拢段钢管	三次超静定桁架体系
8	安装合拢段立柱和上弦	
9	结构体系转换	
10	灌注钢管内混凝土	
11	现浇上弦混凝土	桁架-无铰拱组合体系
12	立柱铰接变固结,上弦拆除贝雷架	连续梁-桁架-无铰拱组合体系
13	现浇桥面铺装、栏杆	

2. 悬臂桁架计算方法

1)基本假定

在索-桁拱桥悬臂拼装阶段,为了降低水平锚固力和吊装重量,结构下弦是空钢管,上弦只有边板,其抗弯能力较低。

可以假定杆件的连接点为铰接,结构杆件只承担轴向力不考虑弯矩的影响;边界方面,上弦根部提供水平约束、拱座提供铰接约束。这样索-桁拱桥悬臂拼装阶段就是简化为一个静定的悬臂桁架结构,如图 7.4 所示。

2)桁架上弦杆

如图 7.5 所示对 2′ 点力矩平衡得

$$\sum M_{2'} = 0$$
$$\Rightarrow N_{12}l_{22'} - Pl_{26} = 0$$
$$\Rightarrow N_{12} = \frac{Pl_{26}}{l_{22'}} \tag{7-18}$$

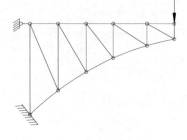

图 7.4 悬臂桁架结构图示

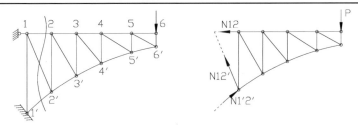

图 7.5　悬臂桁架结构的截面法求解

由式(7-18)可知，Pl_{26} 是外荷载 P 作用在悬臂梁上产生的弯矩，而上弦杆件轴向力为悬臂桁架节间右节点弯矩除以桁架高度，因此有

$$N_{上弦} = \frac{M_{0右}}{h} \tag{7-19}$$

式中，$N_{上弦}$ 为上弦杆件轴向力；$M_{0右}$ 为悬臂梁右节点弯矩；h 为桁架高度。

3) 桁架下弦杆

对 1 点力矩平衡得

$$\sum M_1 = 0$$
$$\Rightarrow N_{1'2'}^x l_{11'} + Pl_{16} = 0$$
$$\Rightarrow N_{1'2'}^x = -\frac{Pl_{16}}{l_{11'}} \tag{7-20}$$

由式(7-20)可知，Pl_{16} 是外荷载 P 作用在悬臂梁上产生的弯矩，而下弦杆件轴向力水平分力为悬臂桁架节间左节点弯矩除以桁架高度，因此有

$$N_{下弦}^x = -\frac{M_{0左}}{h} \tag{7-21}$$

4) 斜拉索

悬臂桁架结构的节点法求解如图 7.6 所示，由节点 1 水平受力平衡得

$$\sum F_{1x} = 0$$
$$\Rightarrow N_{12'}^x + N_{12} = N_{01}$$
$$\Rightarrow N_{12'}^x = N_{01} - N_{12} \tag{7-22}$$

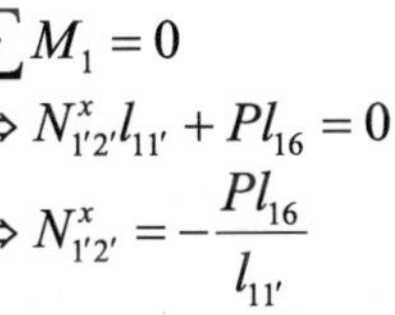

图 7.6　悬臂桁架结构的节点法求解

由式(7-22)可知，斜拉索的水平分力为其左右两个节间上弦杆件轴力之差，因此有

$$N_{斜拉索}^x = \frac{M_{0左}}{h_左} - \frac{M_{0右}}{h_右} \tag{7-23}$$

若是平行弦桁架则有

$$N_{斜杆}^x = \frac{M_{0左}}{h} - \frac{M_{0右}}{h} = \frac{\mathrm{d}M}{h} = \frac{\mathrm{d}M}{\mathrm{d}x}\frac{\mathrm{d}x}{h} = \frac{Q\Delta x}{h}$$

$$\Rightarrow Q = N_{斜杆}^x \frac{h}{\Delta x} = N_{斜杆}^y \tag{7-24}$$

式(7-24)表明平行弦桁架的斜杆竖向分力承担了本节间的竖向剪力，而图 7.6 所示的变高度悬臂桁架的节间剪力由斜拉索力和下弦轴力的竖向分力共同承担，两者不同。

5) 桁架竖杆

由节点 1 竖向受力平衡得

$$\sum F_{1y} = 0$$
$$\Rightarrow N_{11'} - N_{12'}^y = 0$$
$$\Rightarrow N_{11'} = N_{12'}^y \tag{7-25}$$

由式(7-25)可知，竖杆承担了斜拉索的竖向分力。

3. 施工过程的应力分析

钢管混凝土索-桁拱桥与一般普通钢管混凝土拱桥施工过程不同，采用了人字桅杆吊机的悬臂拼装技术。为了减小施工过程中的水平拉力、增大锚碇的安全性和降低吊装重量，悬臂施工中仅安装主拱圈空钢管、合拢后再泵送主拱圈内混凝土。

钢管主拱圈不仅承担了管内混凝土的重量还承担了立柱、上弦边板与施工临时结构的重量，因而在施工过程中钢材累积了较大的应力，当达到一定程度时，会造成主拱圈空钢管局部失稳或局部屈服现象的发生，有必要在施工过程计算中对钢管应力进行验算。

在钢管混凝土索-桁拱桥的施工过程应力计算中，作以下假定：

(1) 在灌注混凝土之前，主拱圈以钢管结构受力；灌注混凝土后主拱圈以组合截面受力。

(2) 结构处于弹性范围内，满足应力叠加原理。

(3) 在各施工阶段时，对结构进行相应的索力调整。

在悬臂施工阶段和灌注主拱圈混凝土施工阶段，主拱圈钢材积聚了较大的应力，拱脚至四分点区域钢材应力基本在 80～120MPa。由于常用的钢管混凝土拱圈管径大、管壁薄，加上钢材加工过程存在的不可避免的残余应力和初始缺陷，上述因素综合作用下处于受压状态下的主拱圈容易导致发生局部失稳现象。

如果钢管混凝土索-桁拱桥的跨径进一步增大，这种现象更加明显。为了避免此类问题的发生，降低施工状态下的钢管应力水平是必要的。

7.4.3 钢管混凝土索-桁拱桥索力调整

索-桁拱桥是在拱结构中首次使用斜拉索，并通过索力调整主动控制施工中拱轴线标高和成桥状况应力。由于索-桁拱桥中的斜拉索传力途径与斜拉桥中斜拉索的传力路径不同，索-桁拱桥的索力调整方法和斜拉桥不同[11]，所以需对其索力调整方法进行探讨。

1. 悬拼施工的索力调整

(1)预应力混凝土桁式组合拱中所吊装的双箱拱肋是一次成型的结构。扣挂它的斜杆是刚性拉杆，安装到位后是不可调整的。因此在悬臂施工中下弦的标高控制常常采用施工预抬高方法；结构分析也可以用分阶段内力叠加法。但是对于钢管混凝土桁式索-桁拱桥而言，斜杆是柔性可调的，因此不能套用刚性拉杆的预抬高法，应当以节点标高为控制目标，充分发挥拉索的可调性。

在天子山大桥修改初步设计中，将广东九江大桥 2×160m 独塔斜拉桥主梁浮吊悬拼所采用的零弯矩、零位移理论[12]，引用到桁式索-桁拱的悬拼中。

(2)节点零弯矩平衡的调索原则。如图 7.7 所示，以桁拱形式悬出结构重量 G_i。它对拱和立柱节点所产生的倾覆弯矩 $M_{gi} = \sum x_i G_i$。该弯矩被上弦水平力 Q_i 所产生的稳定弯矩 $M_Q' = -\xi_i Q_i$ 所平衡，即 $M_g = M_Q$。

故上弦拉力

$$Q_i = \frac{\sum x_i G_i}{\xi_i} \tag{7-26}$$

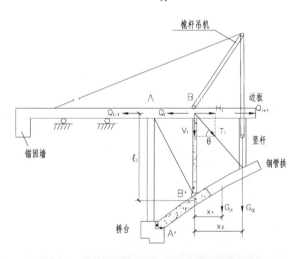

图 7.7　钢管混凝土索-桁拱桥悬臂施工图

由上弦 B 节点水平力平衡方程 $\sum H = 0$ 可得到斜拉索水平分力：$H_i = Q_{i+1} - Q_i$
故斜拉索索力

$$T_i = \frac{H_i}{\cos \theta} \tag{7-27}$$

式中，θ 为斜拉索水平夹角。

式(7-27)说明调整斜拉索拉力 T 大小可以保证节点 B' 弯矩为零。因此在桁拱悬臂施工的工程控制中不必采用复杂的倒拆法和预抬高法。应当转变观念，以充分发挥斜拉索可调的特点，依照施工顺序方向，按每个节点在每个工序完成后的恒载弯矩为零原则来调索，即节点的施工标高控制为设计标高。天子山桥实践表明在钢管拱合拢前，斜拉索张拉千斤顶调整索力在行车道纵梁梁面上进行，操作很方便。调整的效果也很好。在合拢前的调整各节点标高与设计相符时的索力称为初始索力 T_0。

(3)恒载零弯矩法已在不少斜拉桥、贝雷拱架、连续刚构和连续梁桥等工程中应用。它特点是将复杂的问题简化，通过调索，保持拱轴线的设计标高在各种工况下都不变，同时将各种施工误差当即给予消除。

天子山大桥悬拼施工中通过调索，保证下弦各节点（A'、B'、C'、D'、E'）自重悬臂倾覆弯矩 $\sum G_i \cdot x$ 与上弦水平拉力 Q_i 所产生的稳定弯矩 $Q_i \cdot z_i$ 相平衡，使节点恒载自重弯矩 $M=0$ 和转角 $\theta=0$，保证节点安装标高与设计标高一致。

(4)节点高程调整。为了消除温度的影响，以第二天早晨为标准，复测前一天的桁架节点标高。如果下挠则重新张紧斜拉索，使节点标高上升与设计值相同。如果上挠则放松斜拉索，使节点标高与设计相同。总之，工程控制以标高为目标，每拼装一段，斜拉索都按 1#，2#，3#，4#，5#的顺序，先调长索后调短索，自下向上逐段进行。通过索力及时地调整可以将构件重量的误差、斜拉索张拉的误差及温度影响都一一消除。

(5)单向纵坡 2.6%造成两岸拱上竖杆高低不同，进而影响两岸的上弦水平力 Q 和拉索索力 T。但按零弯矩法分别进行平衡计算，工艺操作十分简单。天子山大桥修改初步设计中高低两岸的水平力 Q 相差 8%，拉索力 T 相差 14%，下弦轴向力 N 相差 4%。

(6)桁拱的第一根斜拉索 AB'，由于力臂较大，在仅承担第一段空钢管重量所需的初始拉力 T 过小，致使悬臂端起伏较大，从而影响下一阶段的施工。为了克服此困难，在第一根斜拉索安装后，提早泵送主拱钢管内混凝土，通过增加重量 $2 \times 40t$ 来张紧拉索。

(7)张拉斜拉索调整高程。全桥合拢后体系转换之前，经过全桥下弦节点高程测量，发现部分节点高程与设计值有一定偏离；实测各斜拉索的拉力，也发现不少拉索拉力与计算值有一定出入。综合这两方面的因素，体系转换前又对全桥斜拉索拉力再次进行调整。应当指出这次调整是在合拢后进行的，拱的刚度大节点标高不易变化，所以调索以控制拉力符合设计要求为主，标高仅微调。

2. 管内泵送混凝土阶段的索力调整

管内泵送混凝土施工往往是控制钢管拱强度设计的关键所在。空钢管承担全部管内混凝土重量所产生的轴向力和局部弯矩，在大跨径桥中数值相当大，以致局部失稳或强度超标。因此可以考虑拉索参与作用来实现管内混凝土连续泵送。

具体做法是在两岸 $L/4$ 范围，可通过收紧拉索将管内未硬化的混凝土重量转移到斜拉索上；而当混凝土进入跨中 $L/2$ 范围时，则及时将两侧斜拉索相应放松至原来状态。拉索这种先紧后松方法是减少拱轴过大上下起伏变形的重要的施工手段，如图 7.8 所示。

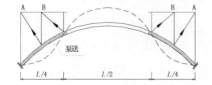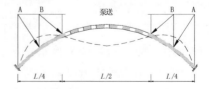

图 7.8　管内泵送混凝土时拉索调整

3. 成桥后的索力调整

(1) 调索原则。如前所述索-桁拱结构的最大特点是拉索的索力可调性，在不同施工阶段调整的目标是不同的。经反复研讨认识到它有如下的规律性。

① 在悬臂施工阶段，索力 $T_前$ 以控制拱轴线标高为目标，按节点零弯矩平衡的原则来确定。其值称为初始索力，绝对值较大。

② 合拢后满足恒载应力均匀要求所需要的斜拉索索力 $T_后$ 远小于悬拼施工中所需要的索力 $T_前$。因此在管内混凝土泵送过程中就要逐步松索，以减少拱顶部分的过大下垂。

③ 当混凝土硬化主拱形成钢管混凝土拱后，由于拱刚度的增大拉索索力调整很难影响拱轴线的标高变化。此时调索的主要功能是改变弯矩 M 和改善应力 σ。

④ 拉索的永存索力存在，是使索-桁拱桥拱顶正弯矩大于拱趾，区别无铰拱拱趾负弯矩大于拱顶的主要原因。

(2) 管内混凝土泵送时调索，施工调索主要集中在 1#、2# 两根索，它们的索力变化如下。

① 第 1# 索在第 5 工作阶段安装第四段桁片时，1#索力 $T=1150\text{kN}$ 就开始下降；到第 10 工作阶段管内泵送混凝土时，已降至 400kN，下降 65%，仅存 35%。

② 第 2# 索由 880kN 调至 550kN，下降 38%，仅存 63%。当混凝土硬化以后刚度急剧变大，调索功能已基本消失。

③ 由主拱圈挠度如果不调索泵送混凝土的跨中下挠 $f=-38\text{mm}$。而将 1#、2#索力放松后，引起主拱圈拱顶的上挠，这样跨中挠度减少至 $f=-11\text{mm}$，降幅达 3.4 倍。可见调索对主拱圈线型的影响之大。

4. 索力调整

(1) 索力调整的实质。在索-桁拱桥中进行索力调整，实际上是通过索力的变化来影响主拱圈线形的，对连续梁-桁架-无铰拱组合体系产生作用力，其外在表现就是主拱圈的应力或挠度的改善。

(2) 索力调整对不同施工阶段结构的影响。

① 在悬臂拼装阶段，结构以悬臂桁架体系受力，没有和连续梁体系、无铰拱体系共同受力，结构刚度较小，此时进行索力调整对结构的影响最大，也是效率最高的时候。

② 当主拱圈混凝土灌注完毕并共同受力后，结构以桁架-无铰拱体系共同受力，此时结构刚度较大，索力调整对结构的影响很小；当上弦中板施工完毕并共同受力后，结构以连续梁-桁架-无铰拱组合体系共同受力，刚度更大，此时进行索力调整对结构没影响了。

③ 在索力调整过程中，减少拱脚区域负弯矩时必然带来四分点、拱顶区域正弯矩的增加，在降低拱顶区域的位移时必然引起四分点区域位移的增加。在无铰拱中不能同时降低主拱圈全部的内力或变形。

综上所述，对索-桁拱桥进行索力调整是一个重要的手段，但不是万能的，尤其是在多体系共同受力时影响更小，优化索-桁拱桥的结构形式的效果更加明显。

(3)索力调整的综合选择。合理选择索力调整时机和调整目标对索-桁拱桥施工控制和最终成桥内力有着较大的影响,应该进行索力调整。在桁式悬拼阶段,结构刚度很小,索力调整的效率最高。在此时调整索力应成为工程控制的主要手段,索力调整计算方法可以使用最小二乘法,调整目标应以结构的位移为主、应力为辅,以使结构顺利合拢。在灌注主拱圈混凝土阶段,结构以超静定桁架体系受力,结构刚度较小,索力调整效应较高。由于此施工阶段会在主拱圈钢材上产生很大的应力,必须在混凝土泵送的同时不间断地调整索力,调整目标应以结构的应力和体系相互作用力为主、位移为辅,计算方法综合使用最小二乘法和影响矩阵法。拱圈内混凝土硬化以后,结构刚度大增,索力调整的效率大大降低。此时应少调或不调索力。成桥若干年后,考虑到混凝土的收缩、徐变效应,可少量调整部分索力。

7.4.4　索-桁拱桥参数分析

钢管混凝土索-桁拱桥,以天子山大桥为结构原型,使用 ANSYS 有限元通用软件,从矢跨比、拱轴线形和桁高三个方面对影响结构受力的主要参数因素进行分析。

1. 有限元模型的建立

拱桥有限元模型主要有杆系模型和板壳、块体与梁单元的组合模型,虽然后者在理论上更接近于真实结构,但是计算量过于巨大。本章只讨论矢跨比、拱轴线形和桁高对桥型力学特点的影响,没有涉及桥型空间力学参数,因此为了数据输入和输出的方便,本章采用建立平面杆系结构有限元模型,考虑结构参数的变化,计算在结构恒载、恒+汽、恒+汽+降温三种荷载工况下结构力学特点。

ANSYS 有限元程序是于 1980 年首次推出的用于结构分析、热分析、流体分析、电分析和静电分析的大规模、通用计算机程序,目前广泛应用于包括核工业、航天、交通、医药、钢铁、铁路、包装和土木建筑在内的许多工业部门[13]。其中的 BEAM3 单元是一种可承受拉、压、弯作用的单轴单元,该单元的每个节点有沿 X,Y 方向的线位移及绕 Z 轴的角位移三个自由度,可以用来模拟索-桁拱桥的主拱圈、上弦和立柱。其中的 LINK10 单元是沿杆轴方向的拉压单元,该单元在每个节点上有 X、Y、Z 三个方向的平动自由度,且不承受弯矩,它适用于模拟桁架、杆件、弹簧、缆索等结构;如在单元选项中选择只受拉选项,则当单元受压刚度就会消失,以此来模拟缆索的松弛;如在单元选项中选择只受压选项,则当单元受拉刚度就会消失,以此来模拟缝隙的力学性质。因此,ANSYS 程序完全可以用来作为该桥参数分析的有限元程序。

有限元模型通过大型有限元软件 ANSYS,以跨径 125m 的天子山大桥为结构原型,使用梁单元、索单元和缝隙单元组成的模型来模拟实际结构,用 BEAM3 梁单元模拟主拱圈、上弦和立柱,用 LINK10(KEYOPT(3) = 0)模拟斜拉索,用 LINK10(KEYOPT(3) = 1)模拟上弦的结构断缝。主拱圈与上弦每个单元长度为 0.25m,分别为 500 个单元,有限元模型如图 7.9 所示。

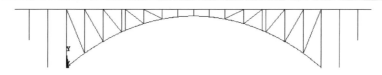

图 7.9　钢管混凝土桁式索-桁拱桥有限元模型

2. 矢跨比对结构力学性能的影响

钢管混凝土索-桁拱桥仍是一种组合拱结构，所以矢跨比对其有较大的影响。为分析其对结构力学性能的影响，将模型的矢跨比由 1/3 变化到 1/10，计算结构在恒载、恒+汽、恒+汽+降温作用下的内力，分析其变化特点。

1) 矢跨比对结构恒载内力的影响

将原结构矢跨比由 1/3 变化到 1/10，计算结构在恒载作用下的拱脚内力、断缝处内力、拱顶内力和主拱圈弯矩平方和，绘出矢跨比变化结构内力变化曲线，如图 7.10 所示。

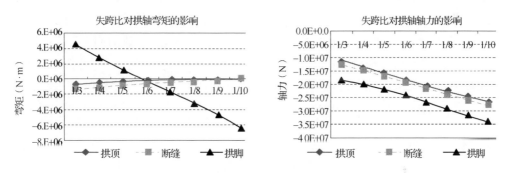

图 7.10　矢跨比变化结构内力变化曲线

由图 7.10 中可以得出以下结论：

(1)随着矢跨比的减小，拱顶和断缝处的弯矩逐渐减小，并且数值相对变化不大。

(2)拱脚处的弯矩变化较大，且弯矩的绝对值也是整个拱圈中较大的；当矢跨比为 1/5 和 1/6 时，拱脚弯矩最小。

(3)象征着主拱圈弯曲应变能的弯矩平方和，随着矢跨比的减小，呈凹曲线变化，并且在矢跨比为 1/6 时达到最小值。

(4)随着矢跨比的减小，主拱圈的轴力基本呈线性增加。这表明，矢跨比较大时，拱的特点比较突出；矢跨比较小时，桁的特点比较突出。

计算表明，恒载+公路一级汽车荷载作用下结构随着矢跨比的变化规律与恒载单独作用下相同。

2) 矢跨比对结构在恒+汽+降温结构内力的影响

在前述结构上，施加恒载、全跨公路一级车道荷载和均匀降温20℃，计算出结构的内力，绘出矢跨比对结构内力的影响表。

(1)随着矢跨比的减小，主拱圈轴力由压变为拉，表明拱上建筑的联合作用和桥型对温度的敏感程度在上升。

(2)弯矩变化趋势中，在矢跨比 1/4 与 1/5 时，都能达到极小值。

(3)弯矩平方和在矢跨比为 1/4 与 1/5 时，达到最小值。

综合前述分析，认为此种跨径组合下矢跨比为 1/5 左右到达最优。

7.5 索-桁组合拱桥模型试验

7.5.1 模型试验的目的

以铝合金为原材料制作了天子山大桥 1/20 模型，并对其进行了施工阶段静载试验、全桥静载试验、最大悬臂状况下的稳定试验和全桥振动试验，填补此类桥梁模型试验的空白。但是在施工过程加载试验中没有对模型进行配重，对其中的各种试验数据也没有做理论上的分析。

鉴于预应力混凝土桁式组合拱桥目前出现了普遍的病害现象，二、三类桥梁超过 50%，不得不进行加固维修[14-16]，部分问题严重的桥梁已经拆除[17,18]。因此需要考虑：索-桁拱桥是由桁式组合拱桥发展而来的，在原结构的基础上创新的同时，是否也保留了桁式组合拱桥的某些结构缺陷？

在对钢管混凝土索-桁拱桥前期研究基础上，提出索-桁拱桥计算原理。为了验证所提出方法的正确性，对索-桁拱桥进行了模型试验研究，以达到验证理论的目的。

7.5.2 模型试验方案设计

模型试验方案设计是模型试验研究的基础，按照试验目的、模型相似条件、材料加工制作难度、模型运输和移动方便、实验室加载和测试设备等因素确定。

1. 桥梁原型的选择

对多座钢管混凝土索-桁拱桥进行了初步设计，跨径为 200m、400m 和 600m，构件的长度比较大，如果以此为结构原型则需要较大的模型尺寸才能满足试验要求，对实验室的加载设备和模型制作费用都有很高的要求。因此该模型试验以跨径 125m 的天子山大桥为结构原型，采用缩尺比例为 1/50，如图 7.11 所示。模型设计主要考虑了几何相似和刚度相似两个方面，没有满足质量相似原则。

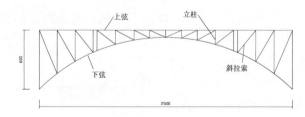

图 7.11 试验模型示意图(单位：mm)

2. 对原结构的优化设计

根据组合体系桥梁一般原理，索-桁拱桥是连续梁、柔性桁架和无铰拱的组合体系桥梁。但天子山大桥两断缝之间部分不能成为桁架体系，因而在跨中拱顶区域只有连续梁和无铰拱组合，刚度较小，造成拱顶挠度较大。该模型设计时将两断缝之间拱圈和桥面用斜拉索连接起来，形成桥梁全长都是连续梁、柔性桁架和无铰拱组合，因而刚度比较均衡。

连续梁和无铰拱的变形曲线是连续且可导的，而悬臂桁架变形曲线不连续，造成两者受力不均匀。同时预应力混凝土悬臂梁桥由于挠度有折角、行车不顺畅、混凝土开裂等方面已经很少修建；悬臂桁架钢桥在 19 世纪到 20 世纪初曾经大量修建，现在也很少采用。某座预应力混凝土桁式组合拱桥的加固方案中，也提出了将上弦断缝连接的设想。因此，该模型设计时取消了上弦结构断缝。

悬索线作为拱轴线在大跨径拱桥中的优势进行论述，并与悬链线进行了比较。综合考虑悬链线与悬索线的本质以及对索-桁拱桥前期的研究工作,该模型采用悬索线作为拱轴线，这一点与天子山大桥原型有本质的不同[19-21]。

3. 模型材料的选择

由于该试验是考查结构弹性阶段的应力、变形状态，验证所提出的计算理论，不进行结构破坏试验，因而应选择与弹性理论基本假定一致的材料，即匀质、各向同性、应力与应变呈线性关系和有固定不变泊松比的材料。钢材作为一种结构用材很好地满足了上述条件，且焊接强度高、刚度大，在该模型中有着很好的适用性。同时可以利用型钢作为该模型的支撑系统，并且能与模型结构很好地连接。

4. 拱桥固定支座的设计

拱桥对支座位移相对敏感，尤其是拱脚水平位移，它将引起相当大的拱桥结构内力。在拱桥模型试验中如何保证拱脚和支座不发生位移，是模型设计中的关键。该模型充分考虑了以上因素，同时为了移动和吊装的方便，采用刚度很大的型钢作为底座、拱脚处竖杆和斜撑，用以承受拱桥的水平推力和上弦拉力；为了增加底座的抗弯刚度，在模型的斜撑底部、拱脚底部和跨中分别设置了钢板支座，如图 7.12 所示。在确保支座零位移条件的同时，也为运输和吊装带来了方便。

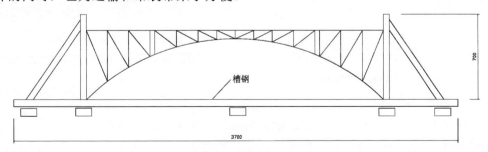

图 7.12　模型底座图

5. 索力测试与调整装置的设计

索力调整是索-桁拱桥区别普通拱桥的特征,因此必须在模型中进行准确的索力测试与调整工作。最灵敏的索力测试方法就是在斜拉索上面贴电阻应变片,通过惠斯顿电桥和电阻应变片进行读数,这样就能对斜拉索微小的拉力变化进行很好的测量。

为了达到索力调整的目的,将斜拉索在中间部位断开,并车上螺纹,然后用一个事先在两端车上正反螺丝的连接器进行连接。这样只要顺时针拧动拉索连接器,拉力就增加,逆时针拧动拉索连接器拉力就减小。将之与斜拉索的应变读数配合,就能将若干个斜拉索的索力调整到指定数值,从而达到模型试验的要求。

6. 试验测点布置

1) 挠度测点的布置

挠度测点的布置分为支座挠度测点和主拱圈挠度测点两类。支座挠度测点主要是监测模型底座和边竖杆在试验荷载作用下的位移情况。在模型底座布置 DZWY1、DZWY2、DZWY3 测点和 SGWY11、SGWY21 测点,主要是测试模型底座的水平和竖向位移情况,以考察模型在外荷载作用下是否能保证拱脚固结的条件;在模型边竖杆布置 SGWY11、SGWY12、SGWY8、SGWY14、SGWY15 和 SGWY21、SGWY22、SGWY23、SGWY24、SGWY25 测点,主要是测量模型边竖杆沿高度方向的水平位移情况,检查其是否满足上弦的根部固结要求,如图 7.13 所示。

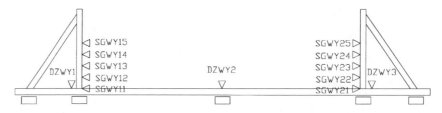

图 7.13　底座和边竖杆位移测点布置图

在各加载工况下底座和边竖杆的水平位移很小,满足模型设定的边界条件;底座在大多数工况下无竖向位移,在部分工况有少量的竖向位移,系地面不平整和支座弹性压缩所致。每工况加载前先对底座和边竖杆的水平位移测量后发现数值几乎为零,因此在各分级加载过程中对底座主要监测其竖向位移。

主拱圈挠度测点主要测量在各工况荷载作用下主拱圈的变形情况,因此需要多个挠度测点,为此在模型每个拱肋的下方布置了 9 个挠度测点(包括拱脚底座位移测点),编号分别为 WY11、WY12、WY8、WY14、WY15、WY16、WY18 和 WY21、WY22、WY23、WY24、WY25、WY26、WY26,如图 7.14 所示。

2) 应变测点的布置

对模型布置应变测点,主要是测量模型结构在试验荷载下各构件的应力状况,并将试验值和理论值比较,分析其中的关系。该试验对主拱圈、立柱、斜拉索、桥面板和横隔梁均布置了 148 个应变测点,如图 7.15 所示。

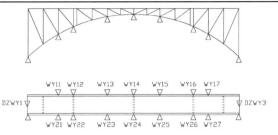

图 7.14　主拱圈挠度测点布置图

图 7.15　模型应变测点布置图

7. 试验加载方案设计

根据模型试验目的的要求，试验共进行了三种工况(集中力、均布荷载和调索)的静载试验和自由振动测试，如图 7.16、图 7.17 所示。

图 7.16　跨中加集中力工况

图 7.17　调索工况

静载试验工况有：三个集中力工况（跨中加集中力、距跨中 40cm 加集中力、距跨中 90cm 加集中力）、两个均布荷载工况（半跨加均布荷载、全跨加均布荷载）、8 个调索工况（调整 1#索力、调整 2#索力、调整 3#索力、调整 4#索力、调整 5#索力、调整 6#索力、调整 7#索力、调整 8#索力）。测试其竖向振动频率和水平振动频率。

7.5.3　试验测试结果

1. 弹性模量测试结果

模型材料弹性模量测试在 DZST-3B 多功能组合实验台上采用纯弯梁的方法测定。

2. 集中力工况测试结果

跨中作用集中力工况测试结果（集中力工况中分级数据是连接千斤顶的应变仪读数）。从图 7.18 可以得出以下结果。

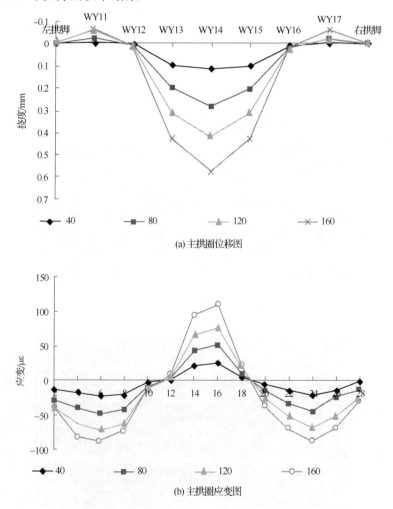

图 7.18　跨中加集中力工况模型的位移和应变

（1）从图 7.18(a)主拱圈变形图中，可以发现在跨中作用集中力时，拱顶发生向下变形而四分点处结构向上变形。

（2）从图 7.18(b)可以看出，主拱圈、桥面板、斜拉索的应变也呈现拱顶和四分点区域相反的变化特征。

3. 均布荷载工况测试结果

1) 半跨均布荷载工况测试结果(均布荷载工况中分级数据是堆放试块的层数)

（1）从图 7.19(a)主拱圈变形图中，可以发现在半跨均布荷载作用下时主拱圈左半部分向下发生较大挠度而右半部分向上发生较小挠度，最大值约相差两倍；并且结构挠度为零点基本保持不变，大约在 3/8L 处。

（2）从图 7.19(b)中可以看出，主拱圈、桥面板的应变左右半拱基本符号相反，且在加载范围内变化较大。

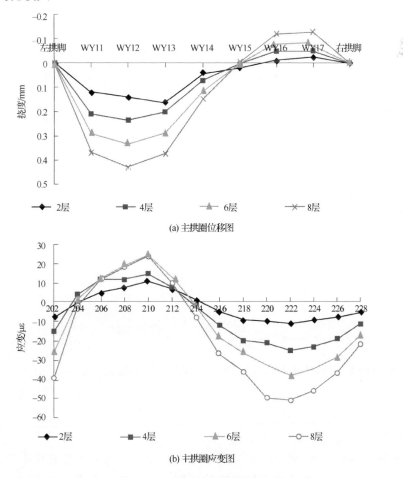

图 7.19　半跨均布荷载工况模型的位移和应变

2) 全跨均布荷载工况测试结果

从图 7.20 主拱圈变形图中可以发现，在全跨作用均布荷载时结构没有出现左右半拱变形相反的特点，基本全部向下发生变形，但在两个四分点处挠度最大，拱顶区域数值较小。

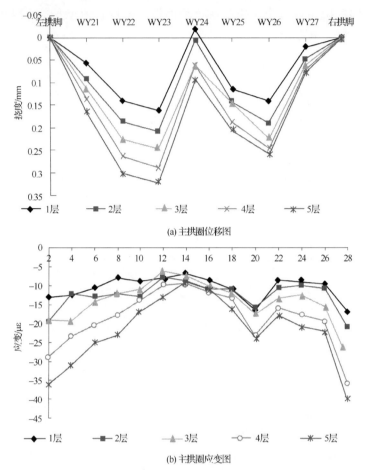

图 7.20　全跨均布荷载工况模型的位移和应变

7.6　工　程　应　用

　　通过理论分析、数值模拟和模型试验，结合实桥测试，初步得出如下结论。

　　(1)索-桁拱桥，上弦杆轴力和下弦杆轴力的水平分力承担了悬臂桁架的节间弯矩，斜拉索水平分力则承担了节间上弦和下弦水平内力的差，而节间剪力由下弦杆轴力的竖向分力和斜拉索的竖向分力共同承担。

　　(2)在钢管混凝土索-桁拱桥的施工过程中，在主拱圈钢管容易累积较大的初应力；随着主拱合拢后结构体系转换，悬臂结构转换为拱结构，主拱内力将进行重新分配。

　　(3)在索-桁拱桥的施工全过程中，索力调整宜应以结构位移为调整目标在主拱圈混凝土灌注之前完成，在此之后宜以主拱圈拉压应变能与弯曲应变能之和为调整目标基于影响矩阵方法计算，随着施工过程的进行，部分索力出现先增大后减小的现象。

（4）在索-桁拱桥的设计中，应该对矢跨比、拱轴线、桁高等参数进行优化。

（5）组合体系桥梁计算方法可用于钢管混凝土索-桁拱桥。所提出的组合度概念能反映组合体系结构的各体系所承担外荷载的能力。

参 考 文 献

[1] 顾安邦, 等. 公路桥涵设计手册(拱桥下). 北京: 人民交通出版社, 1994.

[2] 陈天本. 桁式组合拱桥. 北京: 人民交通出版社, 2001.

[3] 严云, 徐海燕, 任亮, 等. 钢管混凝土拉索组合拱桥桥型结构特性分析. 桥梁建设, 2008, (3): 42-44.

[4] 任亮, 徐海燕, 严云. 钢管混凝土拉索-桁拱桥成桥索力调整研究. 桥梁建设, 2008(1): 48-49.

[5] 杨宝山. 钢管混凝土桁式拉索组合拱桥动力特性研究. 南昌: 华东交通大学, 2008.

[6] 俞同华, 林长川, 郑信光. 钢筋混凝土桁架拱桥. 2 版. 北京: 人民交通出版社, 1984.

[7] 陈天本. 天子山大桥的设计. 中南公路工程, 2005, 30(2): 68-88.

[8] 唐宏宾. 钢管混凝土桁式组合拱桥模型试验研究. 长沙: 长沙理工大学, 2004.

[9] 陈宝春. 钢管混凝土拱桥计算理论研究进展. 土木工程学报, 2003, 36(12): 48-58.

[10] 黄福云, 陈宝春. 初应力对钢管混凝土哑铃形轴压短柱受力性能影响的试验研究. 福州大学学报(自然科学版), 2006, 34(2): 240-244.

[11] 钟善桐, 查晓雄. 高层建筑中钢管混凝土偏压柱施工初应力的限制. 哈尔滨建筑大学学报, 1999, 32(1): 21-25.

[12] 黄福云, 陈宝春. 钢管混凝土初应力问题. 公路交通科技, 2006, 23(11): 68-82.

[13] 项海帆等. 高等桥梁结构理论. 北京: 人民交通出版社, 2000.

[14] 肖汝诚, 项海帆. 斜拉桥索力优化的影响矩阵法. 同济大学学报(自然科学版), 1998, 26(3): 235-239.

[15] 上官兴, 罗青. 2×160m 独塔斜拉桥营运二年后的索力调整. 东北公路, 1991: 39-42.

[16] 日本大芝大桥上部结构的施工. 桥梁と基础, 1998, 32(2): 2-9.

[17] 日本十胜大桥的施工. 桥梁と基础, 1995, (1).

[18] Antonio Sareos—PortiUo, Alfredo Nav8xro—Cerpa and Hil—drun Gareia—Leg1. Inspection and Process of Tension of Cables of General Rafael Urdaneta Bridge. Journal of Bridge Engineering, ASCE, 2003(4).

[19] 官万轶, 韩大建. 斜拉桥的索力调整. 昆明理工大学学报, 2000, 25(1): 125-128.

[20] 张庆双, 卞建设, 迟爽, 等. 大跨径叠合梁斜拉桥施工过程调索方法研究. 哈尔滨工业大学学报, 2005, 38(6): 869-882.

第 8 章　大跨度波−桁组合结构桥梁

8.1　概　　述

从目前国内外统计资料显示，传统的预应力混凝土刚构桥在跨径达到 200m 以上时，由于结构自重很大跨中下挠问题非常突出，在设计时为解决此问题往往增加梁高，增加梁高带来的问题就是工程成本的增加，并不经济，为使桥梁结构能满足强度要求又具有经济性，国内外工程师提出了一些新的处理措施和新型的桥梁结构。

8.2　波形钢腹板 PC 梁跨度局限性

近年来我国高速公路发展迅速，逐渐从城市向山区发展，各地区联系越来越紧密，面对山区大跨 V 形峡谷，斜拉桥和悬索桥由于成本过高，拱桥、连续梁和混凝土连续刚构桥是工程师选择的常用方案。由于大跨度连续刚构桥存在一些问题，提出了把腹板从传统的混凝土改为钢桁或波形钢腹板。通过计算发现面对桥梁跨度达 200m 以上时，根部高度一般有十几米，如果腹板全部用全波形钢腹板，如图 8.1 所示，存在以下问题：

(1)根部梁高十几米时波形钢腹板局部稳定性较差，容易发生屈曲。

(2)波形钢腹板高度方向大于 9m 时需重新接板，这样就造成了工艺和施工难度。

(3)对于山地峡谷，梁高达十几米时抗风性能不好。

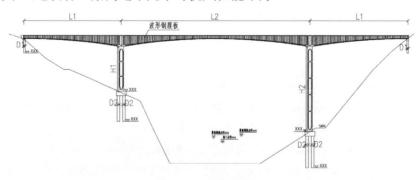

图 8.1　桥型布置图

如果腹板用全桁，如图 8.2 所示，通过方案比较，由于跨中梁高较低，如果继续平行布置，那钢桁腹使用效率较低，如果等距布置，同时保证受力角度，则桁杆较密集，并不经济，美观较差。

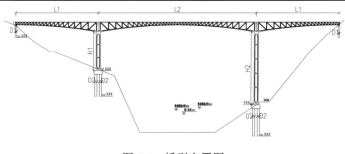

图 8.2　桥型布置图

8.3　波形钢腹板力学机理

8.3.1　概述

　　波形钢腹板 PC 组合箱梁是一种新型的钢−混凝土组合结构形式,混凝土集中在了上、下翼缘板等力臂较大的区域,而中和轴附近力臂较小的区域采用了刚度小重量轻的波形钢板,充分利用了钢和混凝土的性能,提高了材料的利用率,大大减轻了箱梁的自重[1]。波形钢腹板 PC 组合箱梁采用了箱内体外预应力技术,便于桥梁的维修和补强。波形钢腹板预应力混凝土组合箱梁桥与同跨度的高强预应力混凝土桥相比可大大节约成本。波形钢腹板 PC 组合箱梁桥巧妙地结合钢和混凝土,提高了结构的稳定性、强度及材料的使用效率,是一种值得推广的新型桥梁结构形式。

　　目前建成的波形钢腹板组合梁桥,主梁截面形式分为两种:一种是箱形截面,此时两片波形腹板倾斜放置,另一种是工字形截面,此时一片波形腹板竖直放置。而绝大多数波形钢腹板预应力混凝土组合梁桥采用了箱形截面,即波形钢腹板 PC 组合箱梁[2]。

　　波形腹板组合箱梁由混凝土顶底板、波形钢腹板、横隔板、体内外预应力钢筋或钢索以及转向块等构成。通过采用波形形状的钢腹板形成钢板与混凝土的组合箱梁截面体系,能够更加有效地施加预应力。与预应力混凝土箱梁相比较,在混凝土腹板置换成波形钢板后,箱梁整体的横向刚度及其抗扭刚度都不同程度地减小了,因此,对立面布置、体外索及其横隔梁布置的要求也不同程度地与混凝土箱梁不同[3]。波形腹板组合箱梁桥与预应力混凝土箱梁桥比较,两者的结构体系并没有很大的区别。在构造上最大的不同是用波形钢腹板代替混凝土腹板,用来减小上下混凝土翼缘板相互间约束、徐变、干燥收缩等的影响。

8.3.2　基本力学性能

　　1)腹板纵向弹性模量

　　波形钢腹板 PC 组合箱梁腹板在轴向预压力作用时能自由伸缩,纵向预应力几乎不再分散到腹板当中,波形钢腹板对由上、下混凝土翼板的徐变、收缩产生的变形将不再约束,从而避免了由于钢腹板的约束作用而造成箱梁截面预应力损失[4]。波形钢腹板纵向刚度非常小，可近似认为不抵抗截面的弯矩，当组合箱梁承受竖向荷载时计算波形钢腹板组合箱梁桥的抗弯惯矩时，可只计上、下翼缘的作用。

2）弯曲变形

波形钢腹板组合箱梁在竖向弯曲荷载作用的变形与普通混凝土箱梁的变形有不同的特点，波形钢腹板的纵向刚度很低，其限制上、下翼缘板的纵向变形的能力很弱，上、下翼缘板的纵向变形几乎不受腹板的影响，这样使得上、下翼缘板在体系的弯曲变形的同时还有沿其自身重心轴的纵向变形，截面承受的外荷载弯矩为 $M(x)$，在该弯矩作用下截面的整体挠度为 $\omega(x)$，截面转角为 $\omega'(x)$，但由于腹板的纵向抗弯刚度很低，难以自抑制上下翼板自身的转动，上翼板的转角为 $\eta(x)$，下翼板的转角为 $\rho(x)$，上翼板的自身转动弯矩为 $M_u(x)$，下翼板的自身转动弯矩为 $M_d(x)$，由上、下翼板的薄膜轴向力组成的转动弯矩为 $M_y(x)$。

上、下翼缘板由波形腹板的连接，腹板的抗剪作用使得上、下翼缘板在竖向挠曲变形基本一致，因此上下翼缘板的竖向挠曲曲率基本相同。虽然翼缘板有沿各自截面中心轴的纵向变形，但是变形在体系整体变形中被认为符合平截面假定[5]。

3）剪应力分布特征及剪切刚度

波形钢腹板预应力混凝土组合箱梁受弯矩的同时，还承受剪力。试验表明波形钢腹板预应力混凝土组合箱梁的剪应力分布与混凝土腹板中的情况不同，沿腹板高基本呈等值分布，由于竖向压应力一般很小，钢腹板中的应力状态一般视为纯剪[6]。

波形钢腹板组合箱梁顶、底板所承受的剪力很小，可以忽略不计。Elgaaly 等对波形钢腹板钢梁的试验表明，桥梁中的剪力完全由波形腹板承担。

波形钢腹板 PC 组合箱梁翼缘板的剪切刚度很小，一般忽略不计，仅考虑腹板的剪切刚度。当平钢板弯折成波形以后，其剪切刚度将降低[7]。

4）刚度扭转特性

由于波形钢腹板的纵向刚度非常小，波形钢腹板 PC 混凝土组合箱梁桥的扭转与传统的混凝土箱梁或组合箱梁有很大的不同。

在偏心荷载作用下，主梁截面将发生扭转变形。由于混凝土腹板箱梁的刚度较大，扭转的影响较小，扭转变形能很快地被截面上的横向框架效应和板的面内挠曲刚度所吸收。在波形钢腹板预应力混凝土组合箱梁中，这一状态也很相似，但由于波形钢腹板的弯曲刚度与上、下混凝土板相比小很多，因此断面的扭转变形影响将会显著增大，使混凝土板内产生较大的扭转翘曲应力，这是不能忽略的。另一方面，由于波形钢腹板的纵向刚度非常小，因此限制畸变变形的畸变翘曲刚度很弱，截面的畸变变形几乎完全由上、下混凝土板来协调。

5）抗弯性能

弹性范围内，梁截面的合理性主要取决于截面弹性抵抗矩与其面积的比值，该比值越大，截面越经济合理。从沿截面高度上应力分布来考虑，可得出这样的结论：对于经济的设计，梁的绝大部分材料应置于距中性轴尽可能远的位置处。对于受拉与受压性能基本一致的材料，在给定横截面面积和梁高的情况下，将各一半面积分布于离中性轴距离 1/2 梁高处可获得最大的抗弯刚度。混凝土腹板箱梁的腹板离中性轴近，其正应变小，在面积相同的情况下对抗弯的贡献就不如顶底板了。用波形钢板替代混凝土腹板后，用来抗弯的就只剩下翼缘板了，自然就提高了[8-11]。

按极限荷载设计，在弹塑性范围内考察截面的合理性时，可得出另一个结论：不同截面经济合理的程度主要取决于其塑性抵抗矩与弹性抵抗矩的比值，即截面的形状系数越小，截面越经济合理。因此，把截面面积中尽可能多的部分布置在法向应力最大的边缘区域，当截面进入弹-塑性阶段时，就能使其最快地发挥其塑性性能。矩形截面的形状系数为 1.5，宽翼缘薄腹板工字形截面的较小，通常在 1.10~1.20 的范围内。在极限荷载设计中，理想截面的形状系数接近 1.0。构成这种截面的原则是：以厚度不大的宽翼缘来承受截面的法向应力，而以非常强劲的薄腹板来承担截面的剪应力。波形钢腹板组合箱梁几乎完美地体现了这一原则。

波形钢腹板组合箱梁一般都采用预应力，常采用全体外索或者体内体外索并用，现有实桥中二者大概各占一半。预应力混凝土梁抵抗外弯矩的机理与普通混凝土梁不同：普通混凝土梁的抵抗弯矩，主要是由变化的钢筋应力的合力与固定的内力偶臂 Z 乘积形成[12]；预应力混凝土梁，则是由基本不变的预应力和随外荷化而变化的内力偶臂 Z 乘积形成，Z 的变化范围越大，同等预应力下抵抗外弯距的能力也越大。在保证上下缘不出现拉应力的条件下，Z 变化的范围在上下核心距和之间，故常用截面抗弯效率指标(h 为梁截面全高)来衡量在抗弯方面截面的合理性及经济性。矩形截面的值为 1/3，空心板梁随挖空率而变化，一般为 0.4~0.55，T 形截面可达到 0.50 左右，箱形截面一般在 0.5~0.55，波形钢腹板组合箱梁则可达到 0.7 以上。

8.4　钢管混凝土桁腹力学机理

桁式组合结构由于自重轻、施工方便、承载力高、稳定性好、美观实用等被迅速推广。钢管混凝土是指混凝土填充入圆钢管内形成的套箍混凝土，其基本原理有二：①借助内填充混凝土增强钢管壁的稳定性；②借助钢管对核心混凝土的套箍作用，使核心混凝土处于三向受压状态，从而使核心混凝土具有更高的抗压强度和变形能力。它在施工工艺方面的独特优点：

(1) 钢管本身就是耐侧压的模板，并可适应先进的泵送混凝土工艺；

(2) 钢管本身就是钢筋，兼有纵向力筋和横向箍筋双重作用；

(3) 钢管本身又是劲性承重骨架，节省施工设备及费用。

影响钢管混凝土极限承载力的主要因素：①钢管对核心混凝土套箍强化作用；②柱的长细比；③作用力的偏心率；④端部约束条件；⑤沿构件长度方向的弯矩分布梯度等。在桁拱和格构柱的计算中，还应考虑钢管混凝土桁肢的抗压强度不相等这一重要特性。

桁式组合梁的承载力计算包括单肢承载力和整体承载力及缀杆计算。在轴心受压时整体承载力与单肢计算形式相同；偏心受压时，则采用应力验算形式。其变形计算的刚度如下。

拉压刚度：
$$E_A = E_g A_g + E_c A_c$$

弯曲刚度：
$$E_I = E_g I_g + E_c I_c$$

式中，A_g，I_g 为钢管横截面的面积和对其重心轴的惯性矩；A_c，I_c 为钢管内混凝土横截面的面积和对其重心轴的惯性矩；E_g，E_c 为钢材和混凝土的弹性模量。

桁式组合梁的稳定性计算也包括分肢稳定性和整体稳定性及缀杆稳定性的计算。桁管为压弯构件，存在着稳定问题，桁管的稳定问题分两类，第一类为平衡分枝点稳定，第二类为极值点稳定。

第二类稳定要考虑材料非线性问题，如不考虑，以第一类稳定的临界荷载作为稳定极限荷载的渐进值。因此，第一类稳定的临界荷载是第二类稳定问题极限承载力的上限值。

严格地说，由于构件制作、安装误差，材料缺陷，作用力的偏心，工程上的第一类稳定是不存在的。材料非线性与几何非线性使得结构计算复杂，第一类稳定问题在简单情形下可以得出解析解，对研究稳定问题具有意义。

8.5　波-桁共同作用力学机理

波-桁组合结构桥梁是一种新型桥梁结构。波-桁共同工作，波形钢腹板主要解决纵向抗剪问题，悬臂钢桁主要解决横向抗弯问题。波形钢腹板组合桥梁形成纵向箱形结构，钢管混凝土桁形成横向悬臂结构。施工时两次形成横断面，可以有效减小箱梁横向宽度，方便运输及安装，桁架的上端与悬臂板刚性连接，钢桁的下端与箱梁底板刚性连接，采用抗拔不抗剪栓钉，解决受拉区混凝土抗裂问题，共同形成悬臂钢桁-波形钢腹板组合桥梁结构[13]。

8.6　大跨度波-桁组合桥梁新结构

为了满足大跨度桥梁"轻质、高强、大跨、经济、美观"的要求，结合国内外组合桥梁的新技术，也结合工程实际需求，提出了一种新的组合桥梁——大跨度波-桁 PC 组合桥梁，如图 8.3 所示。大跨度波-桁 PC 组合桥梁充分发挥了钢桁管强度高、通风性能好、波形钢腹板抗剪性能好的优点。大跨度波-桁 PC 组合桥梁既可以用于连续梁桥，也可以用于连续刚构桥，如图 8.4 所示。

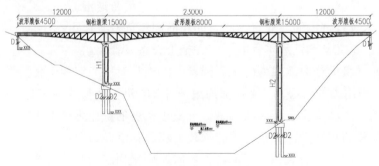

图 8.3　连续梁桥桥型布置图(单位 cm)

图 8.4　大跨度波-桁 PC 组合刚构桥梁效果图

8.7　工程应用

8.7.1　工程 1：湖南湘西某大桥方案设计

　　工程位于湖南省某高速公路上，地形属于峡谷地带，桥梁标高到谷底距离达 200 多米，考虑到波-桁 PC 组合桥梁较传统的混凝土梁在结构高度、整体稳定性、自重、造价、施工等方面的综合优势，采用波-桁 PC 组合连续刚构桥方案比较。

　　波-桁 PC 组合连续刚构桥方案，跨径布置为(120+230+120)m，桥梁全长 496m，设计荷载为公路-Ⅰ级，单幅桥面宽 12m，双向六车道，两侧各 0.5m 的防撞栏。桥梁的立面布置图见图 8.5，典型横断面图支点断面、宽中断面见图 8.6、图 8.7。

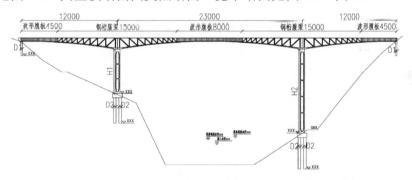

图 8.5　桥型布置图(单位 cm)

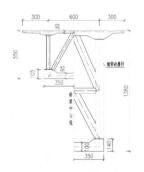

图 8.6　支点断面图(单位 cm)

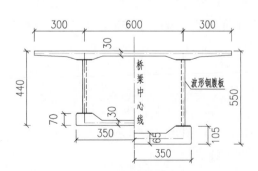

图 8.7　支点断面图(单位 cm)

上部结构采用单箱单室变截面梁，支点处梁高 13.8m，中跨和边跨端部梁高 4.4m，主梁顶宽为 12.0m，梁底宽为 9.0m，两腹板中心距 6.0m，翼缘悬臂长为 3.0m，悬臂端厚度为 25cm，悬臂根部厚度为 60cm，支点处顶板厚为 90cm，跨中处顶板。厚为 30cm，支点处底板厚度为 160cm，跨中处底板厚为 30cm，底板纵向按抛物线设置，顶、底板均为 C60 混凝土。2 个桥墩高 92m，与主梁固结。

腹板将传统的混凝土腹板改为钢管混凝土桁腹与波形钢腹板，主跨跨中 80m 和边跨端部 45m 范围内采用波箱钢腹板，支点 150m 范围内采用钢管混凝土桁腹，钢管混凝土桁腹采用"N 字形"布置，桁距随着梁高的变化而变化，斜杆角度统一，桁管横截面采用直腹杆设计，桁腹钢管及节点钢材均采用 Q345qC，钢管规格 $D500\sim D900mm$，厚度 $\delta 12\sim 16mm$，对于受压桁腹钢管，在内部充填 C50 微膨胀混凝土以增大屈曲强度，对拉杆设置竖向预应力加混凝土。

为增强桥梁横向稳定，在钢管混凝土桁腹段根据桁腹杆的节间布置，每个节间处布置一道横撑，横撑同样采用钢管混凝土桁，横撑形式为 X 型布置。波形钢腹板段设置混凝土横隔板[14]。

8.7.2 工程 2：老谷高速公路鲍家洲汉江特大桥

老谷高速公路鲍家洲汉江特大桥位于湖北省老河口至宜昌高速公路项目中段，跨越汉江，连接老河口市和故城县，上距丹江口水利枢纽坝址约 19.9km，下距光化汉江大桥和王普洲水利枢纽坝址约 7.7km 和 10km，该工程位于王普洲库区内。工程位置河道内有一江心洲，两岸一定范围为漫滩，河道宽约 3.6km。

优化的汉江特大桥设计中心里程桩号 K19+662.5，桥梁起点桩号 K17+634.5，终点桩号 K20+640.5，主桥采用(141.5+260+141.5)m 和(131.5+2×250+131.5)m 波-桁 PC 组合梁，引桥采用 60m 跨钢桁腹 PC 组合梁，桥宽 26m。

一、主要设计技术标准

(1)公路等级：高速公路。

(2)设计行车速度：100km/h。

(3)汽车荷载：公路—I 级。

(4)桥面宽度：2600cm=50cm(防撞墙)+1175cm(行车道)+50cm(防撞墙)+50cm(分隔带)+50cm(防撞墙)+1175cm(行车道)+50cm(防撞墙)。

(5)桥面横坡：单向 2%(半幅桥)，部分区段设置超高。

(6)高程系统：1985 国家高程基准。

(7)坐标系：1954 北京坐标系。

(8)地震动峰值加速度：$a=0.05g$。

(9)洪水频率：1/300。

(10)通航：汉江-III(2)级航道。

最高通航水位：89.47m。

最低通航水位：84.73m。

左汊通航净宽：83.3m。

右汊通航净宽：97.0m。

通航净高：10.0m。

(11)桥梁设计安全等级：一级，γ_0=1.1。

(12)桥梁设计环境类别：Ⅰ类。

(13)桥墩防撞标准：按《公路桥涵设计通用规范》(JTG D60—2004)取值。

(14)船舶撞击作用：横向桥撞击作用为 150kN；顺桥向撞击作用 125kN；

二、优化方案设计

1. 主要优化理由

(1)加宽施工，缩短工期；

(2)节省基础费用；

(3)解决主梁持续下挠及腹板开裂问题。

2. 指导思想与设计原则[15]

(1)全面贯彻"实用、安全、美观、经济"的技术方针，充分吸取世界范围内建桥的新理论、新材料、新技术、新工艺等先进经验，做到因地制宜。

(2)桥梁的布置形式充分考虑工程的可行性、可操作性和社会经济效益等因素，结合该工程范围内的地形地物、河道情况，根据总体规划要求，合理布置，在保证交通功能的前提下，尽可能减少对周围环境、总体规划的影响，通过多方案比较进行优化，选择具有景观冲击效果，能形成地标建筑的桥型。

(3)重视景观设计，力求造型美观，总体上与周围环境协调，重视水环境和自然景观的保护。

(4)针对该项目的特点，重视与其他公路及规划道路的衔接，研究施工方案和施工组织设计。

(5)采取相应的结构安全措施和施工安全对策，确保大桥建设安全和桥梁使用安全。

(6)主桥结构先进，外观新颖，力求体现时代风格，反映中国建桥当代水平。

(7)引桥结构经济合理，施工方便迅速。

3. 平曲线

该桥平面分别位于圆曲线(起始桩号：K17+631.000，终止桩号：K18+966.775，半径：2200m，右偏)、缓和曲线(起始桩号：K18+966.775，终止桩号：K19+216.775，参数 A：741.62，右偏)、直线(起始桩号：K19+216.775，终止桩号：K20+377.495)、缓和曲线(起始桩号：K20+377.495，终止桩号：K20+627.495，参数 A：741.62，左偏)和圆曲线(起始桩号：K20+627.495，终止桩号：K21+694.000，半径：2200m，左偏)上。

4．竖曲线及纵坡

桥梁位于由纵坡+0.5%与-0.55%组成的半径 R=108000.0m 的凸型竖曲线及由纵坡 -0.55%与2.5%组成的半径 R=1500.0m 的凹型竖曲线上。

5．桥跨布置

原方案布跨形式为3×30m+3×40m+35×30m+(65.5+2×116+65.5)m+34×30m+(65.5+2×116+65.5)m+35×30m。其中(65.5+2×116+65.5)m 为预应力混凝土连续刚构主桥，30m 跨为先简支后连续 T 梁，40m 跨为先简支后连续小箱梁。

优化方案布跨形式为3×30m+3×40m+16×60m+(141.5+260+141.5)m+8×60m+(131.5+2×250+131.5+50)m+35×30m。其中(141.5+260+141.5)m、(131.5+2×250+131.5+50)m 为预应力波-桁 PC 组合梁主桥，60m 跨为连续钢桁腹 PC 组合梁，30m 跨为先简支后连续 T 梁，40m 跨为先简支后连续小箱梁。

6．主桥上部结构

南汊主桥上部结构为(141.5+260+141.5)m 为三跨预应力波-桁 PC 组合梁桥如图8.8所示，单箱双室，箱梁根部高度14.5m，跨中高度4.5m，腹板采用钢桁腹及波形钢腹板两种腹板，跨中 110 段采用波形钢腹板，波形钢腹板波长 1200mm，波高 20mm，板厚16mm，腹板间距为 8m，其余段采用钢桁腹腹板，腹杆布置形式为 N 字形，间距从 5m 渐变到 10m，腹杆规格采用 Φ800mm×20mm，内灌 C50 微膨胀混凝土，箱梁根部底板厚120cm，跨中底板厚 30cm，箱梁高度以及箱梁底板厚度按 2.0 次抛物线变化，为减轻主梁自重，底板在跨中 110m 范围内采用钢桁架梁，钢桁架梁下弦主管采用三道方钢管，方钢管规格 800mm×800mm×20mm，内灌 C50 微膨胀混凝土，平联采用 Φ351mm×20mm 的钢管。

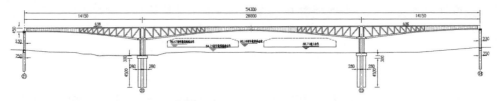

图 8.8　桥型立面布置图

箱梁顶宽 26m，底宽 17m，顶板厚 26cm，顶板悬臂长度 5.0m，悬臂板端部厚 25cm，根部厚 75cm。箱梁顶设有 2%的横坡（局部设置超高）。主桥上部构造按全预应力混凝土设计，采用三向预应力。横、竖向预应力束（筋）管道采用预埋金属波纹管成孔，详见支点断面图 8.9、跨中断面图 8.10。

北汊主桥上部结构为(131.5+2×250+131.5+50)m 为五跨预应力波-桁 PC 组合梁桥，如图8.11所示，单箱双室，箱梁根部高度14.5m，跨中高度4.5m，腹板采用钢桁腹及波形钢腹板两种腹板，跨中 105 段采用波形钢腹板，波形钢腹板波长 1200mm，波高 20mm，板厚16mm，腹板间距为 8m，其余段采用钢桁腹腹板，腹杆布置形式为 N 字形，间距从 5m 渐变到 10m，腹杆规格采用 Φ800mm×20mm，内灌 C50 微膨胀混凝土，箱梁根部底板厚 120cm，跨中底板厚 30cm，箱梁高度以及箱梁底板厚度按 2.0 次抛物线变化，为减轻主梁自重，底板在跨中 105m 范围内采用钢桁架梁，钢桁架梁下弦主管采用三道方钢管，方钢管规格 800mm×800mm×20mm，内灌 C50 微膨胀混凝土，平联采用 Φ351mm×20mm 的钢管。箱梁顶宽 26m，底宽 17m，顶板厚 26cm，顶板悬臂长度 5.0m，悬臂板端部厚 25cm，根部厚 75cm。箱梁顶设有 2%的横坡(局部设置超高)。主桥上部构造按全预应力混凝土设计，采用三向预应力。横、竖向预应力束(筋)管道采用预埋金属波纹管成孔，如图 8.12 所示。

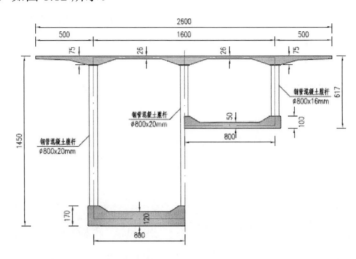

图 8.9　支点断面图

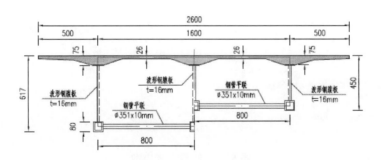

图 8.10　跨中断面图

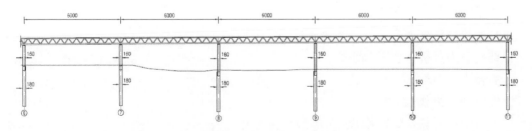

图 8.11　桥型立面布置图

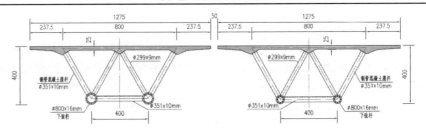

图 8.12　桥型立面布置图

引桥主梁采用 4.0m 等高钢桁腹 PC 组合梁，下弦主管采用直径为 Φ 800mm×16mm 的钢管，腹杆采用直径为 Φ 351mm×10mm 的钢管，行距为 5m，腹杆采用斜腹杆布置，下弦主管和腹杆内均灌 C50 微膨胀混凝土，顶板板厚 0.25m，悬臂端板厚 0.2m，悬臂根厚 0.5m，钢桁腹 PC 组合梁与混凝土顶板的连接采用整体式组合节点。

引桥下部构造采用双柱式墩，钻(挖)孔桩基础，桥台采用柱式桥台和肋板式桥台，钻(挖)孔桩基础。

三、桥梁计算分析(北汉主桥)

1. 计算软件

对于该桥的结构分析和计算，采用 Midas 空间程序进行，结构离散模型如图 8.13 所示。下文为 Midas/civil 2010 计算软件的计算结果，顶、底板采用板单元进行模拟；腹杆采用 SRC 组合截面，由软件自动按强度等效原则换算为钢材。通过计算主桥的上部结构在各种工况下的受力，确定受力最不利的构件进行强度验算[16]。

图 8.13　结构离散模型

2. 各工况下结构分析计算结果

1)结构空间静力分析

结构静力分析主要工况组合：

组合Ⅰ：恒载+人群+沉降

组合Ⅱ：恒载+温度+沉降

组合Ⅲ：恒载+人群+温度+沉降

组合Ⅳ：恒载+人群+温度+沉降+风力

最不利荷载组合下，支点负弯矩区顶板没有出现拉应力，底板最大压应力–14.5MPa。
最不利荷载组合下，跨中钢桁架梁最大拉应力 115.6MPa，如图 8.14 所示。

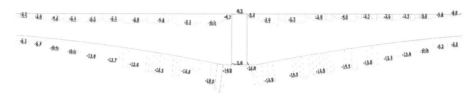

图 8.14　支点应力图(单位 cm)

腹杆最大拉应力出现边跨靠近主跨支点附近为 92.9MPa，最大压杆出现在主跨支点
附近为–151.4MPa，满足规范要求，如图 8.15 所示。

图 8.15　支点应力图(单位 cm)

2)结构空间静力分析结果

腹杆最大拉应力出现边跨靠近主跨支点附近为 92.9MPa，最大压杆出现在主跨支点
附近为–151.4MPa，满足规范要求。

3)桥梁刚度

边跨：90/141500=1/1572

主跨：385/260000=1/675，各跨竖向刚度均满足大于 1/600 的要求。

4)结构动力特性分析(北汉主桥)

各阶阵型模型如图 8.16～图 8.18 所示，成桥状态动力特性见表 8.1。

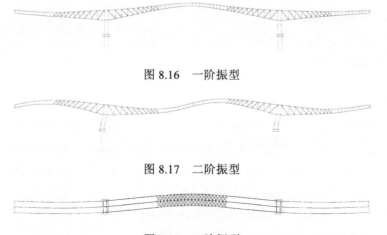

图 8.16　一阶振型

图 8.17　二阶振型

图 8.18　三阶振型

表 8.1　成桥状态动力特性

自振模态	频率/Hz	周期/s	自振模态	频率/Hz	周期/s
1 阶	0.782	1.279	6 阶	1.715	0.583
2 阶	0.907	1.103	7 阶	2.113	0.473
3 阶	1.033	0.968	8 阶	2.238	0.447
4 阶	1.269	0.788	9 阶	2.332	0.429
5 阶	1.448	0.691	10 阶	2.429	0.412

5) 结构稳定性分析

成桥状态结构的一阶稳定系数为 15.6。

四、桥梁计算分析（南汉主桥）

1. 计算软件

对于该桥的结构分析和计算，采用 Midas 空间程序进行，结构离散模型如图 8.19 所示。本报告为 Midas/civil 2010 计算软件的计算结果，顶、底板采用板单元进行模拟；腹杆采用 SRC 组合截面，由软件自动按强度等效原则换算为钢材。通过计算主桥的上部结构在各种工况下的受力，确定受力最不利的构件进行强度验算。

图 8.19　结构离散模型

2. 各工况下结构分析计算结果

1) 结构空间静力分析

结构静力分析主要工况组合：

组合 Ⅰ：恒载+人群+沉降

组合 Ⅱ：恒载+温度+沉降

组合Ⅲ：恒载+人群+温度+沉降

组合Ⅳ：恒载+人群+温度+沉降+风力

最不利荷载组合下，支点负弯矩区顶板没有出现拉应力，底板最大压应力–13.9MPa。

最不利荷载组合下，跨中钢桁架梁最大拉应力 108.5MPa，如图 8.20 所示。

腹杆最大拉应力出现边跨靠近主跨支点附近为 92.9MPa，最大压杆出现在主跨支点附近为–151.4MPa，满足规范要求，如图 8.21 所示。

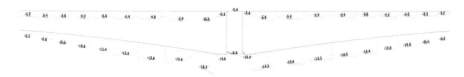

图 8.20　支点应力图(单位 cm)

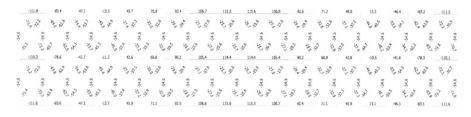

图 8.21　支点应力图(单位 cm)

2)结构空间静力分析结果

腹杆最大拉应力出现边跨靠近主跨支点附近为 92.9MPa，最大压杆出现在主跨支点附近为−151.4MPa，满足规范要求。

3)桥梁刚度

边跨：82/131500=1/1603

主跨：310/250000=1/806，各跨竖向刚度均满足大于 1/600 的要求。

4)结构动力特性分析

各阶阵型图如图 8.22～图 8.24 所示，成桥状态动力特性如表 8.2 所示。

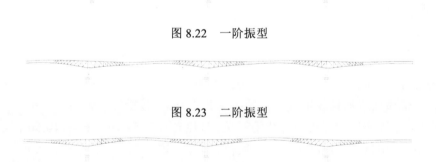

图 8.22　一阶振型

图 8.23　二阶振型

图 8.24　三阶振型

表 8.2　成桥状态动力特性

自振模态	频率/Hz	周期/s	自振模态	频率/Hz	周期/s
1 阶	0.617	1.622	6 阶	1.178	0.849
2 阶	0.682	1.466	7 阶	1.280	0.781
3 阶	0.824	1.213	8 阶	1.554	0.644
4 阶	0.838	1.193	9 阶	1.713	0.584
5 阶	1.104	0.906	10 阶	2.034	0.492

5)结构稳定性分析

成桥状态结构的一阶稳定系数为 16.8。

8.7.3　工程 3：衡阳县灵瑞寺(清江)大桥

衡阳县灵瑞寺(清江)大桥北起蒸阳大道，向南跨越滨江路、蒸水河和英南新区规划的滨河路，终点与英南新区规划的新城路连接，道路总长为 970.582m。其中大桥全长为 430m。

新建的清江大桥中心桩号为 K0+543.829，主桥采用 208m 跨提篮式拱桥，北引桥采用 4×25m 预应力混凝土箱梁，南引桥采用 5×25m 预应力混凝土箱梁，桥梁全长 430m，主桥宽 25.0m，引桥宽 16.5m。桥梁比选方案为(60+120+60)m 波-桁组合结构梁桥。

一、主要设计技术标准

(1)道路等级：城市主干道。

(2)设计时速：40km/h。

(3)荷载等级。设计荷载：城-A，公路一级。

(4)桥梁横断面。桥梁总宽为 25m。

(5)桥梁纵、横坡。桥面纵坡：最大纵坡 4%。桥面横坡：双坡 1.5%。

(6)桥下净空：不低于 4.5m。

(7)桥梁设计安全等级：一级。

(8)设计基准期：100 年。

(9)地震作用：地震动峰值加速度值等于 0.05g，VII 度设防。

(10)船舶撞击作用：横桥向撞击作用为 150kN；顺桥向撞击作用为 125kN。

二、主桥设计

1. 上部结构

主桥跨径为 208m 的中承式钢管混凝土系杆拱桥，桥宽 25m，矢跨比 1/3.6，拱轴线采用悬链线加圆曲线加直线组成，拱轴线系数 1.756，预拱度设置为 $L/600$。

南引桥：采用预应力混凝土连续箱梁桥，跨径布置为 5×25m，桥宽 16.5m，梁高 1.5m。

北引桥：采用预应力混凝土连续箱梁桥，跨径布置为 3×25m，桥宽 16.5m，梁高 1.5m。

1)主拱结构

(1)拱肋。设 2 片竖向拱肋，倾角为 81.03°，每片拱肋由 4 根上下弦钢管(Φ800mm×14mm)和上下平联(Φ500mm×10mm)、腹杆(Φ299mm×10mm)焊接成四肢格构桁式截面，截面高度从 3.2m 渐变到 6.5m，宽度 2.1m，上下弦钢管和拱脚实腹段内泵送 C50 微膨胀混凝土，进料位置设在拱肋截面上弦钢管的顶部。两片拱肋顶点的横向中心线距离为 8.0m。

(2)横向联接系。全桥共设 9 道由横撑组成的三角形横向联接系。横撑由 Φ500mm×10mm 的钢管组成，上下横撑由腹杆(Φ299mm×10mm)联结，横撑不填充混凝土。

(3)吊杆。全桥拱肋拱 19 对吊杆，吊点中心间距为 8m。吊杆钢索采用挤包双层大节距扭绞型拉索，每根吊杆钢束由 127 根 Φ7mm 镀锌高强度低松弛预应力钢丝组成，标准强度 f_{pk}=1680MPa，吊杆钢束均采用高密度聚乙烯(PE 护层)双护层防护。

(4)纵向水平系杆。每片拱肋各设 12 根高强度低松弛预应力钢绞线束，每根钢束由 19 根 7Φ5mm 钢绞线组成，钢绞线标准强度 f_{pk}=1860MPa，系杆钢束设置在拱肋下防撞护栏外侧，锚固与拱肋横梁处。系杆钢绞线束防护砼钢丝束，采用高密度聚乙烯双护层。

2)桥面系

(1)纵梁。全桥有通长纵梁 2 片，纵梁高 2.1m，纵梁腹板为波箱钢腹板，波长为 1000mm，波高 200mm，厚度为 12mm，腹板中心间距 1.3m，纵梁下缘由钢管混凝土桁架组成，下弦钢管采用 Φ600mm×12mm，钢管平联采用 Φ500mm×12mm，纵梁上缘为通长钢板，板宽 2.0m，厚度 20mm。两纵梁中心间距 18.5m。

(2)横梁。全桥共设横梁 39 片，横梁采用三角形钢管横梁，梁长 16.7m，横梁纵向间距 8m，横梁下弦主管采用 Φ500mm×12mm、由 Φ299mm×10mm 腹杆焊接成三角形肢格构桁式截面；人行道悬臂板采用钢管混凝土悬臂撑管，Φ299mm×12mm，填充 C60 微膨胀混凝土。

(3)桥面。桥面铺装采用 10cm 的沥青混凝土。

2. 下部结构

主桥每个拱座设置左、右两个承台，承台厚度 4.0m，平面尺寸 14.6m×14.6m。左右两个承台由断面 2.5m×3.0m 的系梁连接。

主桥基础采用群桩，每个承台有 9 根 Φ200cm 钻孔灌注桩组成，每根基桩预埋 4 根检测管。

引桥为桩柱式基础，直径为 1.5m 的圆柱墩加直径为 1.6m 的桩基础，两个桩基用系梁连接。

3. 主拱加工制作

(1)钢管拱的钢结构应由相当加工能力的专业钢结构加工工厂制造，所有管节均采用无缝钢管，卷管时，钢管受力方向应与钢板压延方向一致，管体成形后必须校圆。为保证钢管内壁与核心混凝土紧密，钢管内不得有油渍等污物。

(2)所有管节、构件均在工厂制作，应按 1:1 放大样以控制坐标及尺寸。钢管拱七大段在工厂加工完成后，出厂交货前，应进行拱肋试拼，试拼拱轴线坐标实测值与理论值(包括预留拱度)竖向及水平的允许误差如下：

　　　　　　　　　拱顶：±10mm

　　　　　　　　　1/4 拱：±10mm

　　　　　　　　　拱脚：±2mm

(3)当钢管拱分段处的接缝利用螺栓临时就位后，应对钢管拱平面，拱轴线进行复测调整，符合精度要求后方能进行合拢段的接缝焊接，合拢时的温度为 15～20℃。

主要施工阶段：

拱肋、风撑、钢箱梁等钢构件可在工厂分节段加工制作，在现场搭支架拼装。其余构件均可采用现浇施工工艺或场外预制吊装工艺。具体可分为 13 个施工阶段，分叙如下。

(1)填土围堰；钻孔桩放样，施工桩基础、承台、墩柱及防撞设施。

(2)预制钢构件，在工厂按1∶1加工钢构件。

(3)打入支架钢管桩基础，搭设支架并预压，吊装钢箱梁就位。

(4)安装拱肋第一节段钢结构。

(5)安装斜拱其余节段和风撑钢结构，焊接全部接头，泵送斜拱混凝土。

(6)安装吊杆，第一次张拉吊杆钢束。

(7)吊装并拼接波形钢腹板-悬臂桁组合梁。

(8)现场浇筑桥面板。

(9)安装桥面铺装、栏杆及装饰板等附属结构。

(10)第二次张拉吊杆钢束。

(11)拆除支架。

(12)进行静、动载试验。

(13)竣工验收，通车运营。

4．其他

(1)施工过程中应做好施工控制工作，在关键位置设置观测点，在施工各阶段做好应力、变形的观测，并做好记录，以便与设计值相互验证，结合施工过程做必要的标高调整，确保设计总体线形[17]。

(2)钢结构外观要求平整光滑。施工单位在制作时应按设计线形严格控制，确保加工、焊接后线形圆顺。所有钢构件安装焊接完毕后，应将所有外露接头、焊缝等凹凸不平处打磨光滑。

(3)所有钢构件外露部分均应油漆，油漆前应仔细除锈。

初拟拱肋颜色为乳白色，吊杆为天际蓝，最终与业主具体商定。

(4)现浇桥面板时，应预留泄水孔安装孔。

(5)桥墩、临时墩放样及高程。该桥为弯桥，平面几何关系复杂，桥墩及临时墩的位置放样、高程、座标等，必须准确无误(经多方校核)。

(6)其他未尽事宜，请严格按照《公路桥涵施工技术规范》《钢管混凝土设计与施工规范》《钢结构工程施工质量验收规范》及其他相关施工及验收规范的有关条文执行。

(7)施工前对大桥的主体结构应有详细的施工组织设计文件。

5．桥面波-桁组合梁施工

1)波-桁组合梁加工制作

(1)桥胎：将钢梁按设计图分段，依据钢梁和道路所示平面几何关系和竖向高度，计算所需技术数据，设计箱梁制作样胎，最好是整体放样。

(2)号料。

① 号料前检查钢材规格、型号(牌)、质量，合格方可进料，号料后要做明显标记。

② 切割线要准确清晰，气割下一般预留2～4mm切口量，尺寸偏差限±1mm。

③ 钢材不平、不直影响号料或切割质量时要矫正。

(3)切割。

① 切割按号料线行进。定尺剪切时，固定好挡板，确认切下的部件尺寸无误后，方可大批剪切。

② 焰切前，清除钢材表面的浮锈及脏物，优先采用斗自动切割机，采取手工焰切使用辅助工具，使用尺寸准确，边缘整齐。

③ 注意切割坡口的质量，特别是角度、钝边要符合要求。切割后，部件的长、宽偏差不得大于±2mm。剪切部件边缘应整齐，无毛刺、反口等缺陷。

(4)钢材矫正。

① 钢材宜在切割后矫正，使表面无明显凹面和损伤，表面划痕浓度不大于 0.5mm。

② 钢材冷作弯曲时，内侧弯曲半径不得小于板厚的 15 倍，小者必须热煨，弯曲后零件边缘不得产生裂纹。

(5)边缘加工。

剪切、气割、下料后的零件应进行刨(铣)、砂轮打磨边缘中工。顶紧加工面与板面垂直度偏差应小于 0.01 板厚，且不大于 0.30mm。

(6)制孔。

① 高强螺栓应孔壁光滑，孔缘无损伤不平，刺屑清除干净。

② 允许偏差。

(7)箱梁组焊。

① 组焊前将连接表面及沿焊缝每边 30～50mm 范围内的铁锈、毛刺、油污除净。

② 钢板焊接须在杆件组装前进行。腹板纵横焊缝间距不小于 10 倍板厚。

③ 焊板应均匀，焊渣和飞溅物应清理干净。

④ 焊缝表面严禁有裂纹、夹潭、焊瘤、烧穿、弧坑、针状孔和熔合性飞溅缺陷。所有焊缝必须进行外观检测，焊缝外形尺寸符合设计要求，其允许偏差值满足 JB/T 7949—1999《钢结构焊缝外形尺寸》标准的规定。

(8)剪力连接器的焊接。

① 剪力连接器焊接前，清除上翼板表面铁锈等污物，且上翼板表面不得涂漆。

② 焊接后焊钉做弯曲试验，用大锤打击焊钉圆柱头，使焊钉弯曲 60°，其焊缝和热影响区不得有肉眼可见的裂纹。

(9)箱梁安装。

① 安装前对支座及临时墩的位置高程进行复核。

② 支座允许偏差为(用水准仪测量)；

a．标高≤±1.5mm/每件 2 点。

b．水平度误差≤1/1000mm/每件 2 点。

(10)高强螺栓连接。

① 处理后的高强螺栓连接磨擦面，采取措施保护，防止沾染脏物和油污。磨擦面应保持干燥，不得在雨中作业。

② 高强螺栓连接，作 3～5 组抗滑移系数试验，出厂抗滑移系数不小于 0.55。

③ 连接拧紧分初拧和终拧，初拧、终拧扭矩分别为施工扭矩的 50%、100%。

④ 电动扭矩扳手标定扭矩误差不大于±5%，班前应用检查定扭矩扳手校正，检查定扭矩扳手误差不大于±3%。

（11）除锈涂漆。

① 钢箱采用喷砂除锈，除锈质量要达到 Sa2.5 级。

② 除锈工作结束后，做好表面清洁工作，必须把杆件表面毛刺、铁锈、油污及附属物清除干净，使钢材表面露出银灰色，以增加漆膜与钢材表面的黏结力。不得带锈涂漆。

（12）钢箱加工技术措施。

① 号料：根据对上翼板、腹板的规格要求对钢材号料，确定钢板拼焊工作图，划出号料切割线，用氧乙炔半自动切割下料。

② 自动埋弧拼焊。按照拼板工作图在工作平台上按技术交底单规格的剂规格、焊丝规格、焊接规范参数、装配间隙，以先横后纵的顺序施焊。

③ 上下翼板、腹板切割下料。按上下翼板尺寸及腹板起拱坐标值，求出上下翼板展开长度，在拼焊后的板材上划出切割线，使用半自动切割机下料。

（13）钢梁焊接注意事项。

① 上翼板与腹板按照划线位置在组焊胎上点焊成型，组焊成单元体。

② 在箱梁胎上找正底板位置后，点焊各个横隔板、两侧腹板、底板中劲肋、横隔板上翼板。全部点焊结束后，检查箱梁各部几何尺寸的磨光顶紧情况，合格方可施焊。

③ 全箱梁焊接先立焊后横焊，从中间到两边交错，对称的焊接，防止出现变拱。

④ 各梁端头高强螺栓连接处保留 50cm 不焊，待现场安装调整后施焊。

⑤ 底板加劲肋应在梁端头保留 70cm、50cm 交错不焊，待现场安装调整后施焊。

⑥ 钢箱梁平面、立面放样。

a. 平面位置。施工单位应根据设计图在实地或计算机上放出每个制作段的平面线形，以保证钢梁平面线形圆滑，安装连接顺利。

b. 竖向位置。按照图中所示竖向位置坐标放线即可，竖向座标已考虑预拱度影响。

⑦ 临时支架。必须保证临时支架的强度及刚度以避免钢梁安装后浇筑桥面板砼时支架发生变形。临时墩顶与钢梁之间应安装承重设备及调整高程的设施（千斤顶）。

⑧ 钢箱梁横坡方向。根据横坡方向确定钢箱梁高、低腹板的方向和位置，曲线内侧低外侧高（北侧高南侧低）。

2）波-桁组合梁连接方法

（1）腹板高强螺栓连接。

① 制孔：栓接板上的栓接孔分为左、右两组，其中一组在帮内预制（已知），另外一组在现场加工。使用专用工具。在调整就位的钢梁接口处测量确定两组孔的相对位置，反映在检接板上，制未知孔，制孔时不得使用润滑液，清理孔缘毛刺，沾梁油污者以汽油清洗，磨擦面受损者按照规定的工艺处理。

② 栓接顺序：按照先底板再腹板后上翼板和从钢梁一端向另一端的顺序进行。

③ 为保证尺寸精度，防止螺栓施探前受力，遵守以下规定：

a. 使用 6 条以上冲钉固定栓接板，底板、翼板处还应使用部分普通螺栓，终拧后再以高强螺栓置换冲钉和普通螺栓。

b. 高强螺栓应顺畅穿入，不得强行打入，穿入方向全桥一致，注意垫圈使用方向。

④ 拧紧旋拧螺母，施拧要连接、平衡、不得间断，冲击作业。拧紧后续螺栓会使以前拧紧的螺栓降低预应力，需要复拧达终拧扭矩。

⑤ 高强螺栓连接，必须保证每个高强螺栓所施加的拉力准确无误。

(2)检测。

① 检查应在螺栓终拧 1 小时以后 24 小时以内进行。

② 检查样本的数量为总数的 5%，并且不得少于 2 个，抽样检查不合格者不得多于样本的 2%，否则继续取样，直到总数的 80%合格，欠拧者补拧，超拧者更换。

6. 下部结构施工

(1)全桥桩基终孔标高采取双指标控制。终孔标高值应满足设计图纸的规定值,同时,桩基进入设计选定的持力层(持力层层号详见桥型布置总图)深度不小于桩径的 2 倍(全截面)。设计所选定的各类桩径持力层层顶标高的判定及进入该层的深度,应取得勘探方和监理方的签认,并作为桩基终孔的必备条件[18-20]。

(2)钻孔作业应分班连续进行，填写好钻孔施工记录。应经常对钻孔泥浆进行检测和试验，不合要求时，应随时改正。应经常注意地层变化，在地层变化处捞取渣样，判明后记入记录表中并与地质剖面图核对。若发现地质情况与地质报告差异较大，应及时采取相应措施。

(3)钻孔桩成孔后，必须测量孔径、倾斜度、沉淀层厚度等，只有满足设计和现行《公路工程质量检验评定标准》后才能进行后续工作。钻孔桩沉淀层厚度要求：不大于100mm。

(4)钻孔桩的护壁泥浆性能指标应符合《公路桥涵施工技术规范》第 6.2.2 条要求，尤其应注意控制失水率，保证泥皮厚度控制在规范允许的范围内，以确保桩基承载能力的发挥。

(5)绑扎桩基钢筋笼时，注意按设计图纸的要求埋入声测装置。

(6)对于低桩承台，承台封底混凝土的厚度主桥暂定为 0.5m，视开挖后的基底地质条件，以能够确保承台有效厚度为原则来确定是否需加厚封底混凝土。

承台混凝土体积大，设计采取预埋冷却管流通冷却水以降低混凝土的水化热，施工单位也可根据经验采取其他有效措施降低混凝土的水化热。

(7)应严格控制墩柱的施工倾斜度，其垂度偏差应小于 1/1000。

(8)垫石应与立柱(或墩、台帽)同时浇筑，其顶面应保持平整并符合施工技术规范的规定。与桥梁其他结构有关的预埋件(如盆式支座地脚螺栓)按设计图纸要求进行。

(9)桥台台后地基处理及填土应尽早按排施工，并尽早完成台后填土预压，其压实度应满足设计图纸和规范的要求，以减少工余沉降和对桩基的影响。严禁采取先钻孔后进行地基处理及填筑桥头的施工方法。台后填土应采用透水性好的材料填筑，并注意与路基的衔接。桥头路基填筑顺序应自台前向台后进行，并严格控制填筑速率，以保证台后填料的密实性和稳定性[21]。

7. 附属结构施工

(1)支座安装要求定位准确，支座面安置平整稳贴，支座顶面四周高差不得大于2mm。活动支座应设防尘罩。支座产品及相应指标需满足《公路桥梁板式橡胶支座》(JT/T4—2004)及《公路桥梁盆式支座》(JT/T 391—2009)要求。

(2)栏杆基座应每2.5m一节分段施工，节段间设10mm的缝隙，纵向钢筋也相应断开，用硬质聚苯乙烯泡沫板填塞，以适应温度的变化，减少裂缝。

(3)现浇纵向缘石时，应及时埋入栏杆立柱的相关构件。

(4)亮化分照明灯和景观灯两部分，特别是主拱的灯类较多，在进行大桥施工过程中，相关亮化的预埋件应根据设计图纸及时埋入，不应遗漏。

(5)人行道铺装采用青石板，施工方应于人行道的中间段设置盲人道板，其宽度与道路人行道部分相同。

(6)应按照图纸要求，设置主体结构避雷设施。

8. 钢结构防腐涂装

(1)油漆是钢管拱桥的重要组成部分，应引起有关部门的高度重视。拱肋油漆颜色暂定为乳白色。油漆具体要求如表8.3所示。

表8.3　油漆要求对照表

	钢材表面处理喷砂至 Sa3 级		
外表面	涂层	涂料品种	
	底涂层	热喷涂锌铝伪合金	1/150
	封闭涂层	环氧封闭漆	2/50
	中间涂层	环氧(云铁)漆	2/120
	面涂层	聚硅氧烷面漆	2/100
	小　计		7/420
	钢材表面处理打磨至 St3 级		
箱梁内部	涂层	涂料品种	
	底涂层	无机富锌底漆	1/60
	中间涂层	环氧(云铁)漆	2/120
	面涂层	各色防腐环氧面漆	1/80
	小　计		260

(2)钢结构在涂装前表面预处理，清洁结构表面焊渣、浮锈及其他污物，用压力式喷砂除锈，选用合适粒度、硬度和几何形状的沙子对杆件进行喷砂，除锈后的钢铁表面清洁度达到 Sa3 级、粗糙度 Ra25～100μm。

(3)拱肋表面预处理采用喷射工艺。

(4)选用涂料时,首先应选已有国家标准的品种,无标准的产品不得选用。涂料进场应有产品出厂合格证,并应取样复验,符合产品质量标准后,方可使用。

(5)涂料应配套使用,涂膜应由底漆、中间漆和面漆构成。不得用单一品种作为防护涂膜。

(6)涂装前技术资料应完整,操作人员应按国家有关规定进行安全技术教育和培训,经考试合格者,方可上岗操作。

(7)涂膜的底层、中间层和面层的层数,应符合设计的规定。当涂膜总厚度不够时,允许增涂面漆。

(8)涂膜底层、中间层和面层,不得有咬底、裂纹、针孔、分层剥落、漏涂和返锈等缺陷。

(9)环境温度宜为 10～30℃。

(10)环境相对湿度不宜大于 80%,或者钢结构表面温度不低于露点温度 3℃以上。

(11)在有雨、雾、雪、风沙和较大灰尘时,禁止在户外施工。

(12)填充混凝土的钢结构内部需与拱肋外侧一样进行喷砂除锈、两道底漆、封闭层,但免去中间漆和面漆,方便与砼有效结合;没有填充混凝土的钢结构内部防腐要求:喷砂除锈同第(2)点,环氧云铁防锈漆 1 道,厚 50μm,环氧玻璃鳞片涂料 1 道,厚 50μm。

(13)钢纵梁和端横梁的油漆的施工工艺和技术要求同拱肋部分,但第四层、第五层的油漆颜色采用仿混凝土色质。其他构件的防腐要求详见相关设计图纸。

三、比较方案空间计算分析

该桥比较方案为主桥(60+120+60)m 大跨度波-桁组合结构梁桥;引桥为(30.5+30+30+30+30.5)m 钢桁架 PC 组合梁。

对于该桥的结构内力计算采用 Midas/Civil 2013 版本进行计算。主桥模型共计 734 个节点,1098 个单元,顶板采用等截面板单元进行模拟,顶板厚 0.25m;底板采用变截面板单元进行模拟,底板厚由 0.3m 渐变到 0.6m;腹杆采用 SRC 组合截面,由 Midas/civil 软件自动按强度等效原则换算为钢材,结构分析离散模型如图 8.25(三维视图)、图 8.26(立面)、图 8.27(平面)、图 8.28(侧面)所示。

图 8.25 结构分析离散模型(三维视图)

图 8.26　结构分析离散模型(立面)

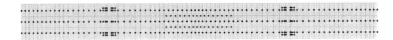

图 8.27　结构分析离散模型(平面)

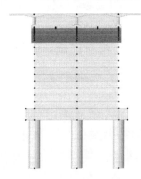

图 8.28　结构分析离散模型(侧面)

1. 各工况下结构分析计算结果

(1)恒载(一恒+二恒)作用下内力计算结果,如图 8.29~图 8.31 及表 8.4 所示。

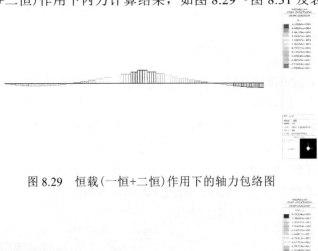

图 8.29　恒载(一恒+二恒)作用下的轴力包络图

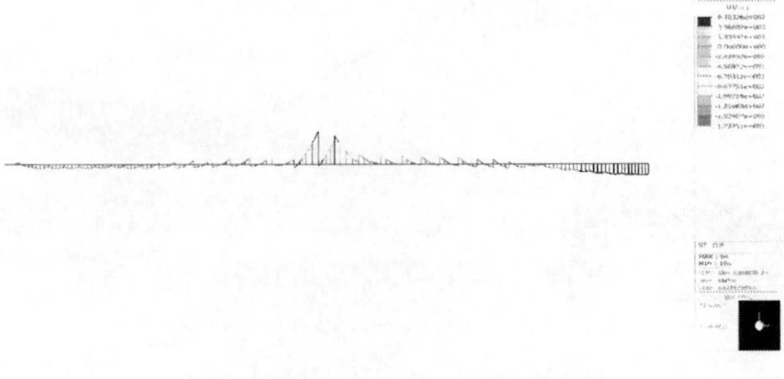

图 8.30　恒载(一恒+二恒)作用下的弯矩包络图

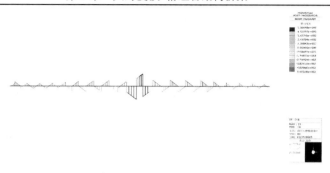

图 8.31 恒载(一恒+二恒)作用下的剪力包络图

表 8.4 恒载(一恒+二恒)作用下内力结果(单位宽度)

位置		轴力/kN	弯矩/(kN·m)	剪力/kN
0	顶板	−369.0	−72.2	42.5
	底板	267.9	−130.3	−43.2
L/4	顶板	−282.2	−88.6	39
	底板	−62.8	−75.6	75.9
L/2	顶板	240.9	−90.3	46.3
	底板	210.7	−64.1	91.4
3L/4	顶板	112.2	−107.4	50.3
	底板	335.1	−77.8	89.6
L	顶板	59	−105.6	−51.1
	底板	153.6	−159.7	71.9

以上结果均满足规范要求。

(2)温度荷载作用下内力计算结果,如图 8.32~图 8.34 及表 8.5 所示。

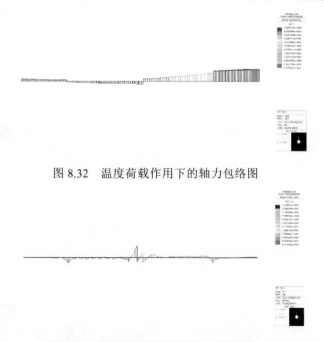

图 8.32 温度荷载作用下的轴力包络图

图 8.33 温度荷载作用下的弯矩包络图

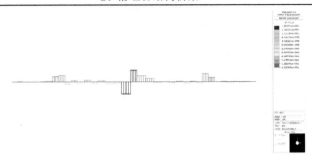

图 8.34　温度荷载作用下的剪力包络图

表 8.5　温度荷载作用下内力结果(单位宽度)

位　　置		轴力/kN	弯矩/(kN·m)	剪力/kN
0	顶板	5.1	2.4	0.7
	底板	39.4	2.4	−4.7
L/4	顶板	−2.7	0.9	−0.3
	底板	−9.1	2.8	1.4
L/2	顶板	3.5	2.6	−0.7
	底板	14.2	5.3	−3.8
3L/4	顶板	3.2	3.7	−1.2
	底板	−17.9	−6.9	−5.6
L	顶板	−12.5	−3.9	−1.2
	底板	65.5	−3.1	−6.3

以上结果均满足规范要求。

(3)活动荷载作用下内力计算结果,如图 8.35～图 8.37 及表 8.6 所示。

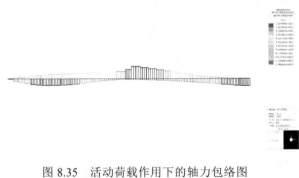

图 8.35　活动荷载作用下的轴力包络图

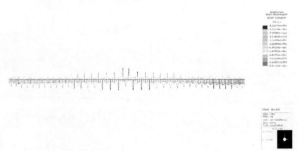

图 8.36　活动荷载作用下的弯矩包络图

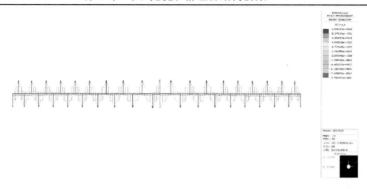

图 8.37　活动荷载作用下的剪力包络图

表 8.6　活动荷载作用下内力结果（单位宽度）

位　置		轴力/kN	弯矩/(kN·m)	剪力/kN
0	顶板	42.1	107.1	28.3
	底板	49	37.5	30.7
L/4	顶板	57	106.7	28.6
	底板	96.1	17.4	15.4
L/2	顶板	51.2	106.3	28.9
	底板	63.3	31.5	33.8
3L/4	顶板	56.7	106.9	28.7
	底板	97.7	17.2	16.9
L	顶板	42.1	107.4	28.3
	底板	48.7	35.3	30

以上结果均满足规范要求。

2. 结构空间静力分析

1）结构空间静力分析

最不利荷载组合下，支点负弯矩区顶板拉应力为 5.4MPa，底板最大压应力为 -21.1MPa，如图 8.38 所示。

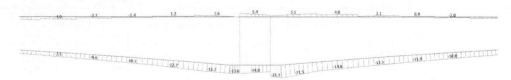

图 8.38　应力图

最不利荷载组合下，跨中钢桁架梁最大拉应力为 100.9MPa，如图 8.39 所示。

2）结构空间静力分析结果

腹杆最大拉应力出现边跨靠近主跨支点附近为 164.8MPa，最大压杆出现在主跨支点附近为 -209.6MPa，满足规范要求。

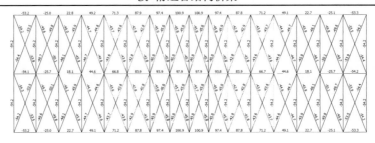

图 8.39　跨中钢桁架应力图

3）桥梁刚度

边跨：30/60000=1/2000

主跨：252/120000=1/476.2

主梁通过设置预拱度，可以消除主梁下挠，满足结构使用要求。

计算结果表明，主桥最大竖向位移发生在 308、229 和 387 号节点。恒载作用下竖向位移值为 236mm，活载作用下位移 32mm，总竖向位移为 252mm，为跨度的 1/476.2>1/600，建议设置预拱度，$f=f_{恒}+1/2f_{活}$=236mm+16mm=252mm，结构变形如图 8.40 所示。

图 8.40　结构变形图

以上表明，主梁通过设置预拱度，可以消除主梁下挠。满足结构使用要求。

四、空间动力分析

特征值分析结果统计详见表 8.7。

表 8.7　特征值分析结果统计表

模态号	频率/(cycle/s)	周期/s	模态号	频率/(cycle/s)	周期/s
1	0.66	1.52	6	2.42	0.41
2	1.10	0.91	7	2.65	0.38
3	1.51	0.66	8	3.60	0.28
4	1.96	0.51	9	3.95	0.25
5	2.38	0.42	10	4.06	0.25

图 8.41 为第一阶振型。

图 8.41　模态一

图 8.42 为第二阶振型。

图 8.42   模态二

图 8.43 为第三阶振型。

图 8.43   模态三

五、整体稳定性分析

屈曲分析结果详见表 8.8。

表 8.8   屈曲分析结果

模态	特征值	模态	特征值
1	112.60	6	427.70
2	264.50	7	445.10
3	370.40	8	457.70
4	395.40	9	470.90
5	406.00	10	489.00

图 8.44 为第一阶破坏形态。

图 8.44   屈曲模态一

图 8.45 为第二阶破坏形态。

图 8.45   屈曲模态二

图 8.46 为第三阶破坏形态。

图 8.46　屈曲模态三

参 考 文 献

[1] 蔡绍怀. 我国钢管混凝土结构结构技术的最新进展. 土木工程学报, 1999, 32(4): 16-26.

[2] 方秦汉. 芜湖长江大桥. 华中科技大学学报(城市科学版), 2000, 19: 1-4.

[3] 秦顺全. 芜湖长江大桥板桁组合结构斜拉桥建造技术. 土木工程学报, 2005, 38(9): 94-98.

[4] Zhu S F. Study of Geometric Shape Control and Closure Techniques of Multi-Span Continuous Rigid-Frame Bridge Structure(Master Dissertation). Chongqing: Chongqing Jiaotong University, 2008.

[5] 刘玉擎. 组合结构桥梁. 北京: 人民交通出版社, 2005. 94-98.

[6] 李勇, 李敏, 史鸣, 等. 悬臂钢桁-波形钢腹板组合桥梁设计与研究. 建筑结构学报, 2013, 34, SUP1: 39-44.

[7] 李勇, 方秦汉, 张建东, 等. 双层面钢桁腹 PC 组合桥梁设计与建造方法. 建筑结构学报, 2013, 34, SUP1: 33-38.

[8] 蔡绍怀. 钢管混凝土结构设计与施工规程. 北京: 中国计划出版社, 1992. 32-38.

[9] 金成棣. 预应力混凝土梁拱组合桥梁—设计研究与实践. 北京: 人民交通出版社, 2001. 99.

[10] Liu C G, Yin C B. Analysis and experimental study on jacking force for high temperature closure of conrinuous rigid-frame bridge. Highway Engineering, 2009, (9): 83-86.

[11] 周起敬, 等. 钢-混凝土组合结构设计施工手册. 北京: 建筑工业出版社, 1991. 24-31.

[12] 聂建国. 钢-混凝土组合结构原理与实例. 北京: 科学出版社, 2009. 423-429.

[13] 陈宝春. 钢管混凝土拱桥设计与施工. 北京: 人民交通出版社, 2002. 92-95.

[14] 尹书军. 沪杭客运专线跨沪杭高速公路特大桥(88+160+88)m 自锚上承式拱桥设计. 铁道标准设计, 2009, (5): 59-60.

[15] 徐君兰. 大跨度桥梁施工控制. 北京: 人民交通出版社, 2000. 22-25.

[16] 张联燕, 李泽生, 程懋方, 等. 钢管混凝土空间桁架组合梁式结构. 北京: 人民交通出版社, 2001. 11-16.

[17] 周念先. 桥梁方案比选. 2 版. 上海: 同济大学出版社, 1999. 41-46.

[18] 和丕壮. 桥梁美学. 北京: 人民交通出版社, 1999. 165-168.

[19] 陈宝春, 孙潮, 陈友杰. 桥梁转体施工方法在我国的应用与发展. 公路交通科技, 2001, (2): 24-28.

[20] 张联燕, 程懋方, 谭邦明, 等. 桥梁转体施工. 北京: 人民交通出版社, 2002. 121-126.

[21] 黄卿维, 陈宝春. 日本前谷桥的设计与施工. 福建建筑, 2005, (1): 58-62.

[22] Zou Y S, Shan R S. The determination of jacking force for closure of continuous rigid frame bridge. Journal of Chongqing Jiaotong Instiue, 2006, (2): 12-15.

第9章 波-桁-拱组合结构桥梁

9.1 概　述

1. 概述

深圳湾内湖大桥位于深圳市南山区深圳湾 F1 赛场，河道为 VII 级旅游航道，来往游船较多。桥梁临近沙河西路，背靠深圳湾体育中心"春茧"，无论从桥位处的地理位置还是从周边的环境来说，将人行桥建造成为一座景观性桥梁非常适宜。

2. 主要设计技术标准

(1)荷载等级。设计荷载：人群荷载集度按《城市桥梁设计规范》(CJJ11—2011)第10.0.5 条取值。

(2)桥梁横断面。桥梁总宽为 10m，断面布置：0.4m(踢脚)+9.2m(人行道)+0.4m(踢脚)=10m。

(3)桥梁纵、横坡。桥面纵坡：最大纵坡 5%。桥面横坡：1%。

(4)通航要求：深圳湾为VII级航道，净宽≥18m，净高≥3.5m，最高通航水位 1.0m。

(5)水文要求：梁底标高不低于 4.5m。

(6)桥梁设计安全等级：一级。

(7)设计基准期：100 年。

(8)地震作用：地震动峰值加速度值等于 $0.05g$，简易设防。

(9)船舶撞击作用：横桥向撞击作用为 150kN；顺桥向撞击作用为 125kN。

9.2　曲线波-桁组合梁

主梁采用波形钢腹板-桁架组合结构，主梁中轴线分别由 $R=154.41m$ 和 $R=188m$ 的圆曲线组成。为了使主桥与主拱互不干扰，最外侧吊杆处至主桥端段中轴线采用 $R=188m$ 圆曲线。从主桥中轴线向两端每隔 2.5m 布置一道标准波形钢腹板-桁架节段，每隔 7.5m 设置 1 道吊杆，共 17 道。

主梁顶板厚 160mm，主梁侧向悬臂长 3.75m，主梁中心线上每隔 2.5m 设置一道斜撑，其规格为 $\Phi299mm\times16mm$；桁架结构下弦杆采用规格为 $\Phi600mm\times16mm$ 的钢管，内灌 C50 微膨胀混凝土，桥面板、斜撑及下弦杆材质均为 Q345qC，如图 9.1 所示。

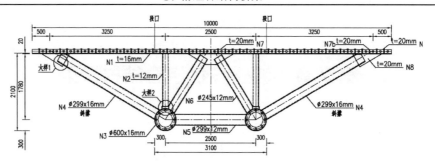

图 9.1 波-桁组合梁构造图

腹板采用波形钢腹板，腹板中心距为 2.5m，波形钢腹板波长 1.0m，波高 16cm，厚 12mm，腹板每 5m 设置一道加劲柱，后浇层与主梁顶板通过抗剪栓钉及加劲肋链接。

主梁顶板与下弦杆之间设置两道内斜撑，其规格为 $\Phi 245mm \times 12mm$；两道下弦杆之间设置一道横撑，规格为 $\Phi 299mm \times 12mm$，形成箱内准三角形断面，以提高主梁局部抗扭能力。

桥面板厚度为 15cm 的钢筋混凝土构件，待主梁拼接形成整体结构后一次连续现场浇筑完成。顶平面构造如图 9.2 所示，梁底平面构造如图 9.3 所示。

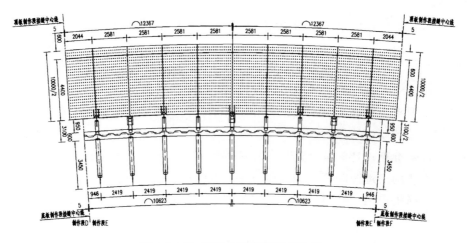

图 9.2 波-桁组合梁顶平面构造图

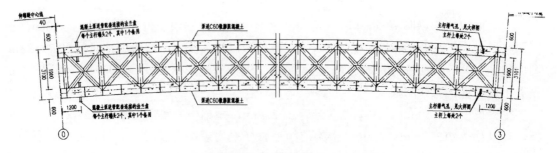

图 9.3 波-桁组合梁底平面构造图

9.3　异型组合结构拱

1. 拱肋线形设计

该桥为非对称肋拱桥，拱肋成面外大悬臂造型，分为钢箱拱肋段和钢-混凝土组合结构拱肋段，两片主拱肋向内倾斜，形成提篮式。

两片主跨拱肋拱轴线线形采用 $m=1.756$ 的悬链线，计算跨径分别为 176.26m 和 164.10m，计算矢高均为 36.00m，矢跨比分别为 1/4.90 和 1/4.56。

在拱桥平面内，内拱肋段采用 $R=125m$ 圆曲线；外拱肋段分别由 $R=198.61m$ 和 $R=205m$ 圆曲线组成，如图 9.4 所示。

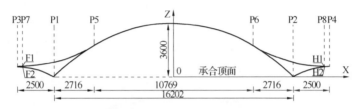

图 9.4　拱肋线形立面布置图

2. 拱肋设计

钢箱拱肋段采用等宽等高单箱单室截面，截面尺寸为 1.8m×2.4m，为了提高整桥稳定性，拱脚范围内拱肋段均采用钢-混凝土组合结构，内灌 C50 微膨胀混凝土，如图 9.5 所示，为了减小风阻和改善视觉效果，拱箱四角均采用切角设计，切角尺寸设定为 15cm×15cm。钢箱拱肋段面板厚度为 20mm，钢箱拱肋均在内壁设置 16mm×150mm 的扁钢纵向加劲肋。腹板纵向加劲肋和横隔板间距分别控制为等间距 0.4m 和 3.75m。腹板上的纵向加劲肋以平行于顶底板的方式平行布置，以避免倒角区域的构造复杂化，并保证施工焊接空间，如图 9.6 所示。

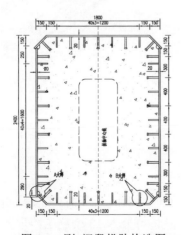

图 9.5　刚-混段拱肋构造图

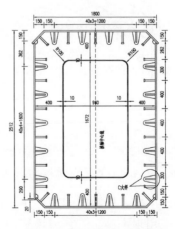

图 9.6　标准段拱肋构造图

9.4　波-桁-拱组合桥梁新结构

1. 桥梁总体结构设计

桥梁起点桩号为 0+000.000，中心桩号为 0+118.185，终点桩号为 0+236.37，桥梁全长 236.37m，具体布置为 30.205+170+30.205=230.41m。总宽为 10m，桥型立面布置如图 9.7 所示。

内湖大桥主拱采用飞燕式曲线异型组合拱桥，全桥采用曲线梁，具体布置为 30.205+170+30.205=230.41m，该桥采用中承式钢箱型拱肋，内侧主拱单跨 176.26m，外侧主拱跨径为 164.40m。主梁采用波形钢-桁架组合结构，全宽 10.0m，梁高 2.25m，桥面纵坡采用 5%控制，引道与两侧规划道路纵坡顺接，主梁中心线位于曲线上分别由 $R=154.41$m、$R=188$m 的曲线半径组成，桥面横坡双向 1%，桥型平面布置如图 9.8 所示。

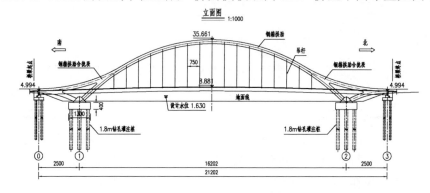

图 9.7　桥型立面布置图

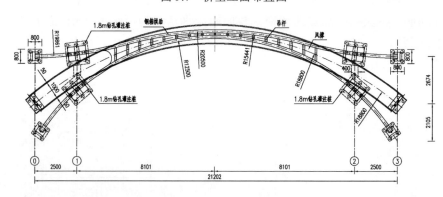

图 9.8　桥型平面布置图

2. 波-桁-拱组合桥梁新结构施工工艺

拱肋、风撑、钢箱梁等钢构件可在工厂分节段加工制作，在现场搭支架拼装。其余构件均可采用现浇施工工艺或场外预制吊装工艺。具体可分为 13 个施工阶段，分叙如下。

(1)填土围堰；钻孔桩放样，施工桩基础、承台、墩柱及防撞设施。

(2)预制钢构件，在工厂按 1∶1 加工钢构件。

(3)打入支架钢管桩基础，搭设支架并预压，吊装钢箱梁就位。

(4)安装拱肋第一节段钢结构。

(5)安装斜拱其余节段和风撑钢结构，焊接全部接头，泵送斜拱混凝土。

(6)安装吊杆，第一次张拉吊杆钢束。

(7)吊装并拼接波形钢腹板-悬臂桁组合梁。

(8)现场浇筑桥面板。

(9)安装桥面铺装、栏杆及装饰板等附属结构。

(10)第二次张拉吊杆钢束。

(11)拆除支架。

(12)进行静、动载试验。

(13)竣工验收，通车运营。

3. 波-桁-拱组合桥梁拼接方案

腹板高强螺栓连接方案如下。

(1)制孔：栓接板上的栓接孔分为左、右两组，其中一组在帮内预制(已知)，另外一组在现场加工。使用专用工具。在调整就位的钢梁接口处测量确定两组孔的相对位置，反映在检接板上，制未知孔，制孔时不得使用润滑液，清理孔缘毛刺，沾梁油污者以汽油清洗，磨擦面受损者按照规定的工艺处理。

(2)栓接顺序：按照先底板再腹板后上翼板和从钢梁一端向另一端的顺序进行。

(3)为保证尺寸精度，防止螺栓施探前受力，遵守以下规定：

① 使用 6 条以上冲钉固定栓接板，底板、翼板处还应使用部分普通螺栓，终拧后再以高强螺栓置换冲钉和普通螺栓。

② 高强螺栓应顺畅穿入，不得强行打入，穿入方向全桥一致，注意垫圈使用方向。

(4)拧紧旋拧螺母，施拧要连接、平衡、不得间断，冲击作业。拧紧后续螺栓会使以前拧紧的螺栓降低预应力，需要复拧达终拧扭矩。

(5)高强螺栓连接。必须保证每个高强螺栓所施加的拉力准确无误。

9.5　波-桁-拱组合桥梁新空间计算分析

1. 有限元模型

对于该桥的结构分析和计算，采用 Midas 空间程序进行。有限元分析要求建立满足计算要求精度的全桥模型，桥梁的有限元分析是否可靠取决于有限元模型的合理性，而模型的合理性取决于模拟的准确性。在有限元模型建立中，依据各构件的形式和受力特点的不同和计算精度要求，采用不同的单元类型。Midas 模型中，共计 3078 个节点，4168 个单元，其中包括 736 个板单元和 17 个桁架单元，主要计算主桥的拱、主梁、拉索在各种工况下的受力分析，结构分析离散模型如图 9.9～图 9.11 所示。

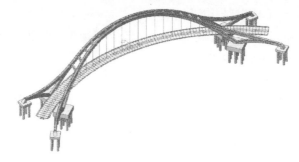

图 9.9　结构空间分析离散模型

图 9.10　结构分析离散模型(立面)

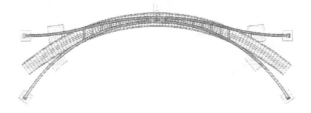

图 9.11　结构分析离散模型(平面)

2. 拱肋模拟

拱肋在荷载作用下主要承受轴向压力。该桥拱肋采用梁单元进行有限元模拟，其中，有限元模型拱肋截面未考虑横隔板，钢拱肋材料采用 Q345qC 钢材，混凝土拱肋材料为 C50。拱肋简化截面及模型如图 9.12 所示。

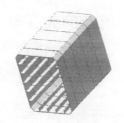

图 9.12　拱肋截面

拱肋单元划分不宜太粗，主要因为：一是保证拱肋线型足够精确，二是拱肋单元划分决定了其质量分布，动力特性分析时，自重转化为质量过程中，单元划分粗细会影响振型的形状和地震力的分布。其中，拱肋在风撑、横梁处设置节点，以便模型中不同构件单元的耦合。拱肋横截面构造复杂，在建立模型时，通过 CAD 绘图，导入 Midas/civil 2013 中 SPC 截面特性计算器中进行计算分析，再导出为 Midas 截面文件作为梁单元的截面。

3. 吊杆模拟

吊杆通过单索面体系将平面曲线主梁与拱肋连为一体。针对平面曲线主梁的特点[1-4]，单索面拱桥具有景观上的独特优势，可避免双索面交错凌乱的视景。其中吊杆采用桁架单元进行模拟，从左侧到右侧依次编号为 S1、S2、S3、…、S17。吊杆有限元模型如图 9.13 所示。

图 9.13　拱肋截面

4. 主梁模拟

主梁主要承受自重和活载作用下的弯矩，采用梁单元和板单元进行模拟[5-7]。主梁采用波形钢腹板–桁架组合结构，横截面构造复杂，在建立主梁模型时，通过 CAD 绘图，再导入到 Midas/civil 2013 中进行建模分析，主梁模拟如图 9.14 所示。

图 9.14　主梁模拟

5. 结构静力分析

(1) 坐标规定：以纵向为 x 轴，横向为 y 轴，竖向为 z 轴，其中 x、y、z 符合右手定则。

(2) 符号规定：位移以沿坐标轴正向为正，反之为负；应力以拉应力为正，压应力为负；剪力以使构件逆时针旋转为正，顺时针旋转为负；弯矩以构件下缘受拉为正，反之为负。

(3) 单位规定：变形单位为 mm；轴力、剪力单位为 kN；弯矩单位为 kN·m；应力单位为 MPa。

6. 恒载作用下

恒载作用下机构受力分析如图 9.15～图 9.17 及表 9.1 与表 9.2 所示。

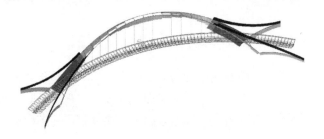

图 9.15　恒载作用下的轴力图

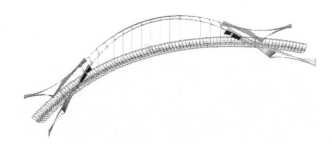

图 9.16　结构恒载作用下的弯矩图

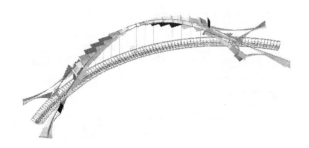

图 9.17　恒载作用下的剪力图

表 9.1　恒载荷载作用下的外拱控制点内力表

控制截面	轴向/kN	剪力-y/kN	剪力-z/kN	扭矩/(kN·m)	弯矩-y/(kN·m)	弯矩-z/(kN·m)
472	−654.53	132.97	−23.71	−279.94	3401.16	4497.91
3080	−3597.34	666.92	96.18	−1954.03	2523.82	1654.43
553	−11358.4	958.02	201.48	−971.16	167.93	492.95
3082	−11430.6	578.66	583.44	3265.18	−5046.76	−1804.74
261	−23597.3	−270.52	−109.87	4417.79	−3798.34	1744.63
260	−1476.64	−175.45	−38.57	400.92	−171.81	793.44
286	−4998.69	112.26	−97.96	142.81	−1754.4	−853.21
208	3290.75	−294.78	−284.11	1538.93	−1405.71	−2074.91

表 9.2 恒载荷载作用下的内拱控制点内力表

控制截面	轴向/kN	剪力-y/kN	剪力-z/kN	扭矩/(kN·m)	弯矩-y/(kN·m)	弯矩-z/(kN·m)
311	−9229.21	−113.73	202.2	−270.74	2852.35	4210.43
3079	−6406.05	709.69	−53.42	−1952.79	1731.78	1667.18
392	886.06	902.58	64.47	−995.31	1327.61	102.32
3081	1332.31	306.47	571.67	1462.01	−1314.3	−1753.94
106	−8688	−688.37	1711.72	3841.33	−15717.4	5958.51
105	495.82	−173.33	147.35	2378	2915.37	1753.76
131	−5738.83	688.54	−589.3	1172.88	−3343.29	−986.1
53	10632.23	−35.1	−138.23	1431.73	−1531.38	−5137.92

7. 活载作用

恒载作用下机构受力分析如图 9.18~图 9.20 及表 9.3 与表 9.4 所示，内力汇总表如表 9.5 所示。

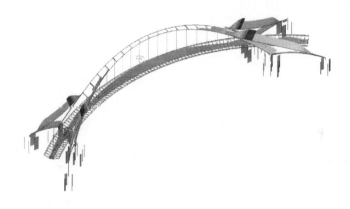

图 9.18 活载作用下的轴力图

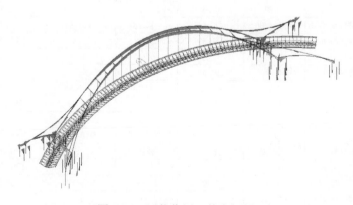

图 9.19 活载作用下的弯矩图

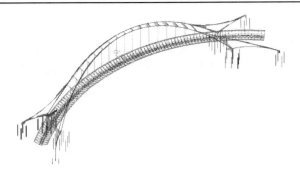

图 9.20　活动荷载作用下的剪力图

表 9.3　活载作用下的外拱控制点内力表

控制截面	荷载	轴向/kN	剪力-y/kN	剪力-z/kN	扭矩/(kN·m)	弯矩-y/(kN·m)	弯矩-z/(kN·m)
472	活载(最大)	25.86	27.26	81.79	47.72	1457.21	941.01
472	活载(最小)	−231.05	−0.18	−69.47	−105.89	−443.62	−6.11
3080	活载(最大)	5.9	143.07	76.88	1.52	1537.93	336.14
3080	活载(最小)	−838.83	−0.67	−54.53	−427.62	−832.13	−3.44
553	活载(最大)	6.8	205.42	117.4	58.76	1219.25	111.1
553	活载(最小)	−2508.88	−0.96	−45.23	−263.79	−1369.6	−6.57
3082	活载(最大)	24.69	119.48	110.61	644.84	445.53	35.13
3082	活载(最小)	−2491.01	−3.56	−84.33	−19.84	−1655.65	−427.35
261	活载(最大)	92.44	1.67	58.66	603.9	959.79	697.28
261	活载(最小)	−3476.3	−144.55	−362.64	−9.03	−28.39	−72.7
260	活载(最大)	25.82	2.31	243.05	213.3	1214.4	212.52
260	活载(最小)	−382.3	−44.54	−243.22	−58.3	−1463.87	−14.26
286	活载(最大)	728.68	56.07	75.45	84.62	526.04	7.16
286	活载(最小)	−1140.52	−14.93	−24.72	−25.55	−555.31	−208.03
208	活载(最大)	1140.33	1.03	22.08	277.4	630.95	48.19
208	活载(最小)	−1536.63	−52.29	−89.07	−6.29	−975.77	−594.12

表 9.4　活载作用下的内拱控制点内力表

控制截面	荷载	轴向/kN	剪力-y/kN	剪力-z/kN	扭矩/(kN·m)	弯矩-y/(kN·m)	弯矩-z/(kN·m)
311	活载(最大)	13.01	0.34	101.51	57.43	1354.67	880.08
311	活载(最小)	−1935.66	−23.55	−44.18	−111.33	−464.09	−5.66
3079	活载(最大)	10.33	150.89	52.26	2.43	1404.84	334.94
3079	活载(最小)	−1331.88	−0.8	−60.12	−427.43	−871.29	−3.68
392	活载(最大)	243.86	191.59	87.65	78.73	1105.87	80.13
392	活载(最小)	−18.4	−1.23	−49.24	−246.55	−994.62	−61.44
3081	活载(最大)	587.82	58.51	78.4	351.82	397.06	15.63
3081	活载(最小)	−350.62	−1.36	−39.77	−34.19	−897.06	−407.79
106	活载(最大)	912.24	9.44	51.6	916.66	33.56	870.14
106	活载(最小)	−789.39	−102.07	−98.38	−27.24	−469.65	−9.6
105	活载(最大)	106.53	0.67	20.23	327.17	1302.71	296.96
105	活载(最小)	−3.24	−32.07	−136.12	−26.6	−180.55	−6.47
131	活载(最大)	146.81	93.91	0.96	155.67	75.8	3.29
131	活载(最小)	−857.74	−9.21	−14.87	−15.39	−507.69	−187.71
53	活载(最大)	1140.91	2.9	13.28	292.74	176.31	16.31
53	活载(最小)	−148.1	−23.67	−40.77	−5.94	−816.48	−710.82

表9.5　内力汇总表

序号	组合		472		3080		553		3082		261		260		286	
			N/kN	M/(kN·m)	N/kN	M/(kN·m)	N/kN	M/(kN·m)	N/kN	M/(kN·m)	N/kN	M/(kN·m)	N/kN	M/(kN·m)	N/kN	M/(kN·m)
1	恒载	D	-654.53	3401.16	-3597.34	2523.82	-11358.4	167.93	-11430.6	-5046.76	-23597.3	-3798.34	-1476.64	-171.81	-4998.69	-1754.4
2	活载(Min)	M_n	-231.05	-443.62	-838.83	-832.13	-2508.88	-1369.6	-2491.01	-1655.65	-3476.3	959.79	-382.3	-1463.87	-1140.52	-555.31
3	活载(Max)	M_x	25.86	1457.21	5.9	1537.93	6.8	1219.25	24.69	445.53	92.44	-28.39	25.82	1214.4	728.68	526.04
4	温升	T_s	69.13	-1623.27	-144.91	-1218.67	-686.66	1.48	-390.85	1952.31	632.7	-225.15	-1026.1	-460.98	-1136.5	-80.8
5	温降	T_j	-41.48	973.96	86.95	731.2	412	-0.89	234.51	-1171.39	-379.62	135.09	615.66	276.59	681.9	48.48
6	组合I	$1.2D+1.4M_n$	-1164.87	3550.37	-5586.45	2046.37	-17362.94	-1738.49	-17334.23	-8549.14	-31895.69	-1758.56	-2385.06	-3059.68	-6935.97	-2507.39
		$1.2D+1.4M_x$	-805.2	6211.54	-4403.82	5364.45	-13841	1885.9	-13812.24	-5607.5	-26899.45	-375.1	-1813.69	689.9	-4319.09	-993.51
7	组合II	$1.2D+1.4T_r$	-744.63	1898.87	-4614.96	1505.22	-14811.84	181.02	-14394	-3498	-26143.09	-2034.02	-3286.37	-1655.63	-6930.34	-1843.09
		$1.2D+1.4T_d$	-899.48	5534.99	-4290.36	4235.04	-13273.71	177.71	-13518.49	-7871.18	-27560.33	-1529.68	-987.92	-623.05	-4384.58	-1662.09
8	组合III	$1.2D+1.4M_n+1.12T_r$	-1087.45	1732.31	-5748.75	681.46	-18132	-1736.83	-17771.98	-6362.56	-31187.1	-2010.73	-3534.28	-3575.97	-8208.85	-2597.89
		$1.2D+1.4M_x+1.12T_r$	-727.78	4393.48	-4566.12	3999.54	-14610.06	1887.56	-14250	-3420.91	-26190.8	-627.27	-2962.92	173.61	-5591.97	-1084
		$1.2D+1.4M_n+1.12T_d$	-1211.33	4641.21	-5489.07	2865.32	-16901.5	-1739.48	-17071.57	-9861.09	-32320.9	-1607.26	-1695.52	-2749.9	-6172.24	-2453.09
		$1.2D+1.4M_x+1.12T_d$	-851.65	7302.38	-4306.45	6183.4	-13379.56	1884.91	-13549.59	-6919.45	-27324.6	-223.8	-1124.15	999.68	-3555.36	-939.21
9	组合IV	$1.0D+1.0M_n+1.0T_r$	-863.09	1409.31	-4660.48	625.33	-14737.63	-1219	-14420.87	-4896.04	-25367.66	-1685.89	-2949.93	-2766.73	-6726.39	-2077.74
		$1.0D+1.0M_x+1.0T_r$	-606.18	3310.15	-3815.75	2995.39	-12221.96	369.86	-11905.17	-2794.86	-21798.92	-697.7	-2541.81	-88.46	-4857.19	-996.4
		$1.0D+1.0M_n+1.0T_d$	-973.7	4006.54	-4428.63	2575.2	-13638.97	-1221.36	-13795.51	-8019.73	-26379.97	-1325.64	-1308.17	-2029.17	-4907.98	-1948.46
		$1.0D+1.0M_x+1.0T_d$	-716.79	5907.38	-3583.89	4945.26	-11123.3	-367.49	-11279.8	-5918.55	-22811.23	-337.46	-900.05	649.1	-3038.78	-867.11

如图 9.21 所示，由不同荷载组合作用计算结果可知，桥型拱肋段最大压应力位于主跨拱肋与边跨上拱肋相交处，其值为 121.32MPa；最大拉应力位于边跨上拱肋，其值为 67.88MPa，均满足结构承载力要求。

如图 9.22 所示，由不同荷载组合作用计算结果可知，主梁外侧斜撑最大压应力为 32.9MPa，内侧斜撑最大压应力为 119.5MPa，最大压应力为 111.9MPa，均满足结构承载力要求。

图 9.21　拱肋应力图

图 9.22　斜撑应力图

由不同荷载组合作用计算结果可知，主梁下弦杆最大压应力为 44.98MPa，最大拉应力为 53.54MPa，均满足结构承载力要求。

各组合工况下，吊杆最大轴力位于两端最外侧，其值为 2245.9kN，小于吊杆破坏荷载 3920kN，满足结构承载力要求。

拱肋段以受压为主，弯矩较小，该桥拱肋采用钢-混凝土组合结构，解决了拱肋拱脚区域承受最大轴向压力，边跨上拱肋段承受最大轴向拉力的问题以及拱脚的水平推力问题，同时，避免了局部失稳情况，该桥的整体设计合理，共轴系数选择恰当。

综合上述分析，可得如下结论：

(1)空间动力分析表明，一阶自振频率为 0.51Hz，主要为主梁纵向漂浮；由于单索面设计，引起主梁纵向漂浮，但是，结合平面曲线主梁的特点，单索面拱桥形成空间弧面，增强了整体抗扭能力及稳定性，桥梁结构整体刚度较好。

(2)钢箱拱桥属于柔性结构，由于材料强度的提高和跨径的增大，刚度问题(尤其面外)较突出，应予以重视，但是，拱脚区域采用钢-混凝土组合结构提高了整体刚度。

(3)风撑的布置会影响频率和振型序列，对面内振型影响较小，对面外振型影响大。

(4)风撑设于拱顶对拱肋面外全波振动有利。设计中可通过调整风撑的布置来改变频率和振型序列。

(5)拱脚边界条件对其振型序列和频率有一定的影响，对面内振动影响大，对面外振动影响小。约束加强，自振频率会提高。

(6)波形钢腹板组合梁形成纵向箱型结构，结合桁架结构形成悬臂组合梁结构。波形钢腹板质轻、抗剪屈服强度高的优点，提高了结构的稳定性。

(7)箱内三角形撑提高了主梁局部抗扭，主梁悬臂桁架结构增加了桥面宽度以及提高了主梁的横向抗弯能力。

8. 结论与建议

1）钢管混凝土流线型拱桥力学问题

大桥为主跨（30+168+30）m 流线型拱桥。

主拱为 Q345C，2400×1800 的箱形截面，部分区段内灌 C60 砼。应力计算结果拱内最大应力为 150MPa，结构应力满足要求。

计算表明：拱桥解决了长期以来大跨度拱桥三大关键性技术难题：①横向稳定问题，②水平推力问题，③施工安装难题。

2）结构变形、主拱刚度

空间计算结果表明，主拱最大竖向位移为 287mm，计算跨度 168m，挠跨比为 1/916；其中恒载竖向位移为 218mm，挠跨比为 1/1154，活载位移仅为 85mm，挠跨比为 1/4529。通过设置预拱度（f恒载+1/2f活载），可以较容易地解决。

计算结果表明（详见地震荷载作用下的轴力、弯矩、剪力图表），主拱最大竖向位移发生在拱腰的 890 号和 736 号节点，基本对称。

空间静、动力及分析表明，主拱刚度较大，结构变形较小，结构安全合理。

3）新型预应力钢桁腹-PC 组合梁

该桥的主梁采用箱形截面，引桥部分双箱单室，主桥部分单箱 3 室。腹板采用 ϕ400mm 钢管连接，主桥部分底板采用桁片连接。钢桁腹混凝土组合梁减少了腹板及部分底板的混凝土用量，从而大大减轻了结构自重。

4）吊杆（拉索）

吊杆恒载作用下跨中区域最大索的拉力为 7982kN，一般区段最大索的拉力为 2760.3kN，活动荷载作用下跨中区域最大索的拉力为 1051.3kN，一般最大索的拉力为 491.3kN，荷载组合作用最大索的拉力为 3251.6kN；设计中吊杆采用三组，分别为 109ϕ7、85ϕ7、73ϕ7 高强钢丝；恒载作用下应力比为 0.394，荷载组合作用下应力比为 0.465。

由于计算过程中未考虑中支点的作用，故在跨中的 3 对索的索拉力较大，设计过程中可采用双吊杆来解决。

5）横向风撑及横向稳定性

设计中采用双曲拱结构，拱脚刚性固结，横向稳定性好，材料省，效果好。横向风撑内不灌混凝土，该桥风撑数量较少，用钢量也较少。

6）肋间梁和拱座

肋间梁是连接主拱拱脚、传递吊杆水平分力、增强主拱横向稳定性的重要结构，其构造比较复杂，作用巨大。

拱肋间梁、系梁、拱座（承台）固结在一起，其作用十分重要。施工时可利用结构内设置的劲性骨架作为承力结构，待混凝土强度达到设计要求后张拉肋间梁的预应力钢束。每个肋间梁砼和主拱承台一样，属于大体积砼，按大体积砼施工技术要求组织施工，并做好降温、散热技术方案。

7) 基础

深圳湾内湖大桥的水平推力为 1170t，平均分配给基础，每根桩承受 180t 左右的水平推力，基础安全合理。

8) 社会经济效益

大跨度、流线拱、组合梁、三维稳定等非常规设计元素的巧妙应用，极富形态美感，造型灵动而新颖，结构新颖美观、技术先进。

参 考 文 献

[1] Li Y, Nie J G, Chen BC, et al. The Design of Shenzhen Beizhan Bridge. Proceedings of 6th ASCCS Conference Los Angeles, USA, March, 2000, 1; 213-220.

[2] 陈宝春, 李勇, 等. 钢管混凝土拱桥. 北京: 人民交通出版社, 2002.

[3] 朱小林. 大跨径飞燕式异型拱桥稳定性分析. 太原: 山西省交通科学研究院, 2012.

[4] 李俊. 大跨度钢管混凝土拱桥稳定性分析. 山西建筑, 2011, 37 (20): 183-185.

[5] 李晓亮. 大跨度钢管混凝土拱桥施工稳定性分析. 山西交通科技, 2007, (05): 67-70.

[6] 陈宝春. 钢管混凝土拱桥设计与施工. 北京: 人民交通出版社, 2002. 102-105.

[7] 徐君兰. 大跨度桥梁施工控制. 北京: 人民交通出版社, 2000. 22-25.